Theresia Maria de Jong

Im Dialog mit dem Ungeborenen

Wie Sie schon während der Schwangerschaft mit Ihrem Baby in Kontakt kommen können

vianova
Verlag Via Nova

Theresia Maria de Jong

Im Dialog mit dem Ungeborenen

Wie Sie schon während der Schwangerschaft mit Ihrem Baby in Kontakt kommen können

via nova
Verlag Via Nova

1. Auflage 2004
Verlag Via Nova, Alte Landstraße 12, 36100 Petersberg
Telefon: (06 61) 6 29 73
Fax: (06 61) 9 67 95 60
E-Mail: info@verlag-vianova.com
Internet:
www.verlag-vianova.de
www.transpersonal.com

Umschlag: Marketing Design Service GmbH, Hamburg
Satz: typo-service kliem, 97647 Neustädtles
Druck und Verarbeitung: Rindt-Druck, 36037 Fulda

ISBN 3-936486-68-9

Inhaltsverzeichnis

Vorwort zur Neufassung

Es sind nun knapp sieben Jahre her, seit ich „Im Dialog mit dem Ungeborenen“ geschrieben habe. Seitdem ist viel geschehen, sowohl in den Bereichen Geburt, Geburtsvorbereitung und Schwangerenvorsorge, in Geburtsbegleitung und pränataler Psychologie, aber auch bei mir persönlich.

Die Geburt und alles, was damit zusammenhängt, ist in den letzten Jahren noch technikgeprägter und -bestimmter geworden. Natürliche Abläufe werden mit noch größerer Skepsis betrachtet. Sicherheit – so scheint's – bietet nur eine engmaschige medizinische Vollversorgung mit immer mehr und ausgeklügelteren Testverfahren. An Kinder werden bereits vorgeburtlich Ansprüche gestellt. Nur diejenigen, die sämtliche Tests im Standard-Bereich „bestanden“ haben, bekommen den „Persilschein“, mit dem ein Weiterleben bis zur Geburt gesichert ist. Kinder werden zunehmend nicht mehr als Geschenk gesehen, sondern als ein Produkt intensiver medizinischer Bemühungen. An Produkte jedoch werden Anforderungen bezüglich ihrer Qualität gestellt. In diesem Zusammenhang ist auch die Diskussion um die PID (Prä-Implantations-Diagnostik) zu sehen. Reproduktionsmediziner sagen es ganz deutlich: Sie brauchen PID für ein besseres „Qualitätsmanagement“ bei der künstlichen Befruchtung. Es werden also Embryonen erzeugt, um sich dann die „besten“ herauszusuchen. Die weniger Glücklichen finden in der Forschung dankbare Abnehmer. Dort, wo Zeugung ein rein mechanischer Herstellungsprozess im Labor geworden ist, dort verändert sich auch die Qualität der Eltern-Kind-Beziehung. Liebe ist nicht an Bedingungen geknüpft – bei PID jedoch ist die Bedingung, ein „gesundes“ Kind zu schaffen, die Entscheidung über Leben und Tod. Neben der Gefahr der Ausweitung auf zeitgeistabhängige oder auch individuelle Vorlieben bzw. gesundheitliche Begehrlichkeiten (Haarfarbe, Augenfarbe, Geschlecht, Knochenmark) stellt sich auch dringend die Frage, was ein solchermaßen in Auftrag gegebenes Kind im weiteren Lebensweg leisten muss, um den Anforderungen der Eltern zu genügen.

Doch nicht nur das: Was bedeutet es für die Psyche des Kindes, die ersten Tage seines Lebens in einer sterilen Nährlösung, umgeben von einer Brutmaschine, fern jeglicher menschlichen Beziehung zu verbringen? Bedeutet dies auch eine Störung für die weitere emotionale Entwicklung?[1]

Sicherlich: Noch wird die Mehrzahl aller Kinder auf natürlichem Wege gezeugt. Und längst nicht alle werdenden Mütter lassen sich derart verunsichern, dass sie Testergebnisse benötigen, um zu wissen, wie es ihren Kindern in ihrem Bauch geht. Es gibt sicherlich auch noch viele, die bereit sind, auch „unperfekte" Kinder mit Liebe aufzunehmen. Allerdings übt nicht zuletzt die Gesellschaft subtil Druck aus, indem ein Leben mit einem behinderten Kind in düstersten Farben geschildert wird, als sei das Leben als Mutter eines behinderten Kindes nur eine Aneinanderreihung von Mühsal, Verzicht und Leid. Dass auch das Gegenteil richtig ist, nämlich dass ein behindertes Kind eine echte Bereicherung darstellt und die Entwicklung seiner Eltern enorm fördert, darüber wird so gut wie nie gesprochen.

Sogar die Geburt selbst ist ins Gerede gekommen. Immer mehr Frauen wünschen sich von vorneherein einen Kaiserschnitt, selbst wenn keinerlei medizinische Risiken vorliegen. Der so genannte „Wunschkaiserschnitt" ist jedoch – davon bin ich überzeugt – kein primärer Wunsch von Schwangeren. Der Wunsch nach einem Kaiserschnitt ist entstanden aus einer seit Jahrzehnten geschürten Angstkampagne gegen sämtliche natürlichen Abläufe im Leben einer Frau.[2] Dies betrifft längst nicht nur den Bereich rund um die Geburt, denn von der Menarche bis zu den Wechseljahren hält sich der Gynäkologe für den wichtigsten Ansprechpartner im Gesundheitsleben einer Frau. Unsere westliche Welt leidet seit Jahrhunderten an der Missachtung weiblicher Kraft und Potenz. Diese „Wunde des Weiblichen" – wie es die Psychotherapeutin Benig Mauger aus Dublin nennt – durchdringt alle Lebensbereiche, hat aber gerade in der Schwangerschaft fatale Auswirkungen auf den weiteren Lebensweg und die Bindungsqualität zwischen Mutter und Kind.

Insofern glaube ich, dass dieses Buch noch wichtiger geworden ist. Frauen in ihrer Kompetenz, ihrer Intuition und ihrer Gebärfähigkeit zu bestärken, ihnen den Rücken zu stärken ist notwendiger denn je. Dies war mir ein Anliegen vor sieben Jahren, dies ist mein Wunsch auch heute. In den vergangenen Jahren habe ich das Privileg gehabt, auf zahlreichen Kongressen meine Sichtweise darzustellen, und habe große Zustimmung erhalten. Ich habe dabei auch zahlreiche Therapeutinnen und Therapeuten, Hebammen und Geburtsvorbereiterinnen kennen gelernt, die dieses Wissen in ihrer Praxis umsetzen und Frauen in der Schwangerschaft wichtige Impulse geben. Herausheben möchte ich an dieser Stelle den Internationalen Kongress für Embryologie, Therapie und Gesellschaft 2002 in Nijmwegen, Niederlande. Dort war eindrucksvoll zu spüren, wie wichtig und richtungweisend das Leben vor der Geburt für uns alle war und ist. Meinen herzlichen Dank an Heiner Alberti, seine Frau Bettina von der Gesellschaft für Körpertherapie (GTK), und Inge Krens, denn ohne sie hätte dieser wunderbare Kongress nicht stattfinden können. Auf diesem Kongress sind zahlreiche Projekte gezeugt worden, die auf den unterschiedlichsten Bereichen schwangeren Frauen Unterstützung geben. Viele Ergebnisse des Kongresses habe ich bei der Neubearbeitung dieses Buches berücksichtigt. Dieser Kongress wird weit über sein offizielles Ende hinaus Kreise ziehen. Mögen die zarten Pflänzchen und Keimlinge, die dort gesät wurden, zu starken Bäumen heranwachsen und reiche Frucht tragen! Eine Welt, in der die Bedürfnisse von ungeborenen Kindern und ihren Müttern anerkannt und befriedigt werden, wird eine friedlichere, zufriedenere und glücklichere Welt sein.

In diesem Buch werden zahlreiche Studien und Studienergebnisse vorgestellt und zitiert. Dies ist heute (leider) notwendig. Ohne wissenschaftliche Beweise wird vieles nicht ernst genommen oder anerkannt. Viele rational geprägte Menschen brauchen „Beweise“, um zu glauben. Da spielt es keine Rolle, dass sie gleichzeitig wissen, wie interpretierbar, manipulierbar und kurzlebig manche Forschungsergebnisse sind. Trotzdem: Alle, die gerne wissenschaftliche Belege haben, werden in diesem Buch fündig werden. Aber auch alle, die diese „Beweise“ nicht brauchen, weil sie direktere Wege des Wissens bevorzugen, werden zahlreiche Anregungen finden.

Mein herzlichster Dank zur Neuherausgabe dieses Buches geht zuallererst an meine Agentin Ingrid Anna Kleihues, die genau den richtigen Verleger und Verlag gefunden hat: Werner Vogel und den Verlag Via Nova! Danke auch an Silke Gieseler für ihren wunderschönen Vortrag, aus dem ich zitieren durfte. Besten Dank an Thomas Harms für unsere interessanten Gespräche (auch im Zug!). Ebenfalls Merci an Inge Krens, die so nett war, mir das Manuskript ihres bis dato noch unveröffentlichten Buches zur Verfügung zu stellen: Es hat mir viel neue Einsichten gegeben, denn auf dem Kongress konnte ich ja nicht alle Vorträge verfolgen. Inge und Hans Krens haben die wichtigsten jetzt überarbeitet und veröffentlicht (siehe Literaturempfehlungen). Danke auch an meine Familie und meine Freundinnen Claudia Keller, Sabine Schönbohm, Margret Ahlers, Margret Wierich-Lux, Anke Kück und Silke Jantz-Roßkamp, die mich in einer für mich schwierigen Zeit getragen haben.

Einleitung

Seit Jahrtausenden sprechen Mütter mit ihren noch ungeborenen Kindern. War die Mutter in „guter Zwiesprache“ mit ihrem Kind, so wurde das als ein gutes Zeichen gewertet. Ja, es war sogar die Voraussetzung für eine gesunde Schwangerschaft. Da es bis vor kurzem noch keine Möglichkeiten gab, das Leben des Kindes im Mutterleib zu sehen, war es nur die Mutter allein, der ein direkter Zugang zu ihrem Kind möglich war. Das heranwachsende Kind im Mutterleib war ein Mysterium. Der Körper der schwangeren Frau, der dieses Wunder vollbringt, wurde bewundert, geachtet und mit Ehrfurcht behandelt. Aus ihrem Vermögen, Leben zu spenden, erwuchs der Frau Macht und Ansehen. Sie war Vertreterin der „großen Mutter“, die alles Leben schenkt.

Bei Naturvölkern hat sich diese Sichtweise bis zum heutigen Tage erhalten. Ein schönes Beispiel, wie es einer werdenden Mutter möglich ist, mit dem Wesen ihres Kindes in Kontakt zu treten, ist von einem afrikanischen Stamm überliefert. Dort ist es Brauch, dass sich die Mutter, sobald sie erste Kindsbewegungen gespürt hat, vorübergehend von ihrem Stamm zurückzieht, um in der Einsamkeit „das Lied des Kindes“ zu erfahren. Sie konzentriert sich dabei völlig auf ihr Baby und „hört ihm zu“. Hat sie das Lied vernommen, so geht sie singend zurück in ihr Dorf und bringt es allen anderen bei. „Sein“ Lied wird das Kind sein gesamtes Leben begleiten, es ist ein Teil von ihm. Mit seinem Lied wird das Kind bei der Geburt begleitet und begrüßt. Sein Lied wird auch während aller wichtigen Initiationen gesungen, bei der Hochzeit und auch im Sterben.

Dieser Brauch verdeutlicht sehr anschaulich die Kontinuität des pränatalen Lebens bis hin zum Übergang am Lebensende.

Bei uns, in den „entwickelten Ländern“, ist viel intuitives Wissen rund um Schwangerschaft und Geburt in Vergessenheit geraten. Durch den Einzug der männlich dominierten Buchmedizin in die bislang nur Frauen zugänglichen Gebärräume wurde vieles in den Bereich der Unwissenschaftlichkeit und des Aberglaubens verwiesen.

Viele weise Frauen, die Schwangere bei der Geburt begleiteten, wurden im Mittelalter als Hexen verbrannt. Das Wissen der Frauen – auch um die Möglichkeiten der Schwangerschaftsverhütung – wurde von den Männern als Bedrohung betrachtet. Schrittweise wurden die Kompetenzen der Hebammen beschnitten und Ärzte nahmen Kurs aufs Wochenbett und zwischen die Beine der Frauen. Damals wurde auch die Rückenlage beim Gebären eingeführt, die – abgesehen vom Handstand – wohl die ungünstigste Körperhaltung bei der Geburt ist. Es dauerte Jahrhunderte und es war ein zähes Ringen, ehe die wissenschaftlich-männliche Dominanz in der Frauenheilkunde – begünstigt durch die Klinikgeburt und technische Errungenschaften – schließlich gesichert war. Lange Zeit waren damit hauptsächlich Männer zuständig (im Sinne von verantwortlich) für Schwangerschaft und Geburt. Selbst heute noch arbeiten weitaus mehr Männer in der Frauenheilkunde als Frauen. Im niedergelassenen Bereich ist lediglich ein Drittel weiblich, ähnlich wie in der Frauenklinik. Weitaus drastischer ist der Verteilungsschlüssel im Chefarztbereich. Chefärztinnen in der Frauenheilkunde müssen mit der Lupe gesucht werden. Im Berufsverband der Frauenärzte mit über 13 000 Mitgliedern gibt es nur 53 Chefärztinnen dafür aber 512 Chefärzte! Vor sieben Jahren sah die Situation noch drastischer aus: Auf 17 Chefärztinnen kamen damals 646 Chefärzte. Ein wenig Besserung ist also in Sicht, jedoch wir befinden uns noch immer in der paradoxen Situation, dass es hauptsächlich Männer sind, die das Geschehen in der Frauenheilkunde und Geburtshilfe maßgeblich bestimmen. Das bedeutet natürlich nicht, dass grundsätzlich *alle* männlichen Gynäkologen schlecht, und *alle* Gynäkologinnen „gut“ sind. Allerdings lassen sich traditionelle Geschlechtsstereotypen gerade in der Gynäkologie nicht verleugnen. Traditionell wird Frauen mehr intuitives Verhalten zugesprochen und zugebilligt, während Männern häufiger rationale Verhaltensweisen zugeordnet werden. Das bedeutet, Männer bewegen sich eher im männlich geprägten Wissenschaftsmodell, wo Wert auf objektive und distanzierte Beobachtungen gelegt wird. Um zu akkuraten und überprüfbaren Ergebnissen zu kommen, ist es in diesem Modell notwendig, auf Gefühle und persönliche Eindrücke weitestgehend zu verzichten und eine Trennung von Emotion und Ratio zu praktizieren. So wird dem Unpersönlichen, technisch Beweisbaren größere Beachtung geschenkt und zugestanden als dem Persönlichen, technisch nicht

Fassbaren. Die Konsequenzen einer solchermaßen betriebenen Geburtshilfe sind oftmals fatal, denn in einer Umgebung, in der Frauen sich nicht als Individuum wahrgenommen fühlen und wo es keine gefühlsmäßige Verbindung zwischen Geburtshelfer und der Gebärenden gibt, fühlen sich Frauen unwohl und nicht richtig versorgt. In einer solchen Situation wachsen Angst, Verspannung und auch Ärger. Obwohl bekannt ist, dass diese Faktoren negative Wirkungen auf Wehen und einen komplikationslosen Geburtsverlauf haben, wird viel zu selten daran gedacht, dass dies Auswirkungen des wissenschaftlichen, technisch-medizinischen Verhaltens der Geburtshelfer sein könnten. Oft wird ein verhängnisvoller Teufelskreis in Gang gesetzt, wenn auf geschwächte Wehen wiederum mit mehr Technik oder Chemie geantwortet wird. Ein solches Verhalten ist jedoch nicht auf Männer allein zu reduzieren, denn im medizinisch-wissenschaftlichen Ausbildungsbetrieb ist dieses Modell die Regel. Deshalb handeln auch viele Gynäkologinnen so. Inzwischen ist hier und dort eine Trendwende erkennbar, in der Gynäkologinnen versuchen, wieder intuitive, weibliche Verhaltensweisen in den Vordergrund zu stellen.

Ich schildere diese Entwicklung, weil sie nicht ohne Folgen blieb und meiner Meinung nach ein wichtiger Faktor für die Tatsache ist, dass heute der Intuition der Schwangeren in Bezug auf ihr Kind so wenig Beachtung geschenkt wird. Zwischen die Mutter und ihr Kind hat sich die Technik mit ihren vielfältigen Überprüfungsmethoden gestellt und hat gleichzeitig das Vertrauen der Schwangeren in ihr ureigenstes Wissen geschmälert. Damit aber nicht genug. Auch für das Ungeborene hatte diese Entwicklung weitreichende Konsequenzen. Männer können gefühlsmäßig nicht das Erlebnis der Schwangerschaft nachvollziehen. Ganz abgesehen davon, dass Gefühle in der Wissenschaft – wie beschrieben – keinen Platz haben (denn sie „beweisen" nichts, können nicht bewiesen werden, sind subjektiv, nicht objektiv), können Männer nicht erleben, wie eine Frau Leben in ihrem Körper spürt. Dieses Unvermögen hat nicht nur Gefühle des Neids hervorgerufen, sondern es bedingt auch mit das generelle Unverständnis dem Ungeborenen gegenüber. Lange Zeit entzog sich der Mutterleib dem Zugriff der Wissenschaft. Dementsprechend gering war das Wissen über das sich entwickelnde Kind. Ich benutze mit Bedacht die Bezeichnung „Baby" oder „Kind" und folge damit Peter Fedor-Freybergh, weil es wohl kaum eine Mutter gibt, die von „ihrem Embryo" oder „ihrem Fetus“ spricht (laut wissenschaftlicher Bezeichnung ist das Kind bis zur 8. Schwangerschaftswoche „Embryo“, danach „Fetus“). Das Kind im Mutterleib wurde mit einem vor sich hintreibenden Wesen assoziiert, dem es an Bewusstsein, Empfindung und sogar Schmerzvermögen mangelt. Das hatte sogar zur Folge, dass bis vor circa 20 bis 30 Jahren Frühgeborene und sogar ausgetragene Neugeborene ohne Narkose operiert wurden, weil auch ihnen – analog – die Empfindungsfähigkeit abgesprochen wurde. Auch das Geschehen während der Geburt war gekennzeichnet durch eine große Nichtachtung der Bedürfnisse des Neugeborenen. Als „Tüpfelchen auf dem I“ sei der „Begrüßungsklatsch“ auf den Po erwähnt.

Inzwischen hat ein Umdenken eingesetzt, das sich allerdings nur zögerlich durchsetzt. Dieses neue Bild vom Kind im Mutterleib gründet sich auf die technische Entwicklung des Ultraschalls und anderer Spezialmethoden, die es möglich machen, das sich entwickelnde Kind in seiner natürlichen Umgebung zu beobachten. So zieht inzwischen auch die Wissenschaft nach und „beweist“, was Mütter seit Jahrtausenden wissen. Und auch erst jetzt – weil es als „bewiesen“ gilt, wird dieses Wissen ernst genommen. Interessanterweise gelangten allerdings schon vor Entdeckung des Ultraschalls einige Psychoanalytiker zu der Überzeugung, dass das menschliche Bewusstsein bereits im Mutterleib beginnt und dass die Erfahrungen, die das Kind im Uterus macht, prägenden Charakter haben. Pioniere der pränatalen Psychologie wie Prof. Sepp Schindler, Gustav Graber und Friedrich Kruse schlossen bereits vor vierzig Jahren aus den Beschreibungen ihrer Patientinnen und Patienten, dass sich diese an ihr vorgeburtliches Leben erinnerten und dass viele Störungen der Persönlichkeit auf Erlebnisse im Mutterleib zurückzuführen seien. Inzwischen werden diese Hypothesen, für die es damals noch keine Beweise gab, nach und nach durch die neusten Forschungen verifiziert und längst wird der vorgeburtlichen Phase in vielen Therapien Beachtung geschenkt. Allerdings wurden zunächst die „Negativfälle“ bekannt. Dadurch, dass die meisten Erfahrungsberichte aus der psychotherapeutischen Praxis bei Erwachsenen stammten, waren es oft schwerwiegende Störungen und Probleme, die im Zentrum der Betrachtungen standen. Bei Durchsicht der frühen einschlägigen Literatur ließ sich fast der Eindruck gewinnen, der Mutterleib sei ein gefährlicher und schrecklicher Ort, dessen negative Prägung uns unser gesamtes Leben nicht mehr loslässt. Mütter, die solche Schilderungen lesen, können so in arge Zweifel geraten, ob sie nicht vielleicht auch ihrem Kind geschadet haben. Insbesondere wenn Mütter eine nicht so glückliche Schwangerschaft erlebt haben, können aus solchen Berichten schwere Schuldgefühle resultieren.

Erst seit einigen Jahren werden von dem noch recht neuen Wissenschaftszweig, der sich mit der Situation vor der Geburt beschäftigt – der pränatalen Psychologie und Medizin –, die positiven Auswirkungen und die enge, beglückende Beziehung zwischen Müttern und ihren ungeborenen Kindern untersucht. Und diese Studien und Forschungsarbeiten sind so faszinierend, dass jede werdende Mutter wissen sollte, wie viel Gutes sie ihrem Kind bereits in der Schwangerschaft mit auf den weiteren Lebensweg geben kann. Auch Väter können mit diesem Wissen viel tun, um mit ihren Kindern bereits im Mutterleib eine innige Verbindung aufzunehmen, die als sehr beglückend erlebt wird. Diese vorgeburtliche Beziehungsaufnahme wirkt sich auch nach der Geburt positiv aus.

Mit diesem Wissen soll allerdings nicht der Grundstein für neue potenzielle Schuldgefühle gelegt werden. Jede schwangere Frau, die sich auf ihre Intuition verlässt und ihrem Kind in Gedanken nahe ist, tut unendlich viel.

Dieses Buch will die Wege und Möglichkeiten aufzeigen, wie Mütter und Väter ihrer Intuition vertrauen und schon vor der Geburt mit ihrem Kind eine innige und beglückende Beziehung eingehen können. Auch wenn verschiedene „Denkanstöße“ aufgezeigt werden, wie das konkret möglich ist, so ist es mir ein Anliegen zu zeigen, dass im Grunde jede Mutter selbst am besten weiß, was für sie und ihr Kind gut und richtig ist. Jede Schwangerschaft ist anders, weil eben ganz unterschiedliche Personen mit ihren ganz individuellen Lebensgeschichten beteiligt sind. Die Mutter selbst ist deshalb immer die erste Expertin, wenn es um das Kind in ihrem Bauch geht. Eine direktere Verbindung lässt sich schließlich nicht denken und keine noch so perfekte technische Errungenschaft kann die innige Mutter-Kind-Kommunikation ersetzen oder überflüssig machen. Dies sollte eigentlich ganz selbstverständlich sein. Doch gerade heute mit den vielfältigsten technischen Überprüfungsmethoden – so wichtig und lebensrettend diese manchmal sein mögen – besteht auch die Gefahr, dass eine Mutter ihrer Intuition nicht mehr so sehr traut und den Arzt mit seinen Apparaturen braucht, damit er ihr versichert, dass „alles in Ordnung“ ist. Dazu ein kleines Beispiel: Elke ist im fünften Monat schwanger. In der Stadt trifft sie eine Nachbarin, die sie harmlos fragt: „Na, wie geht es euch beiden denn so?“ Ihre Antwort: „Weiß ich nicht, ich habe erst nächste Woche wieder Arzttermin.“ Für Elke bedeuten die Intervalle zwischen den ärztlichen Kontrolluntersuchungen quälende Ungewissheit: „Ist mein Kind auch gesund?“ Auf ihr Gefühl glaubt sich Elke nicht verlassen zu können. Die Sozialwissenschaftlerin Eva Schindele beobachtete eine Entfremdung zwischen Mutter und Kind, die sich umso mehr ausprägt, je mehr Tests zur Verfügung stehen: „Inzwischen scheinen schwangere Frauen ihrem Arzt sogar mehr zu trauen als ihrer eigenen Wahrnehmung. Nur noch neun Prozent aller Schwangeren gestehen sich eigenständige Entscheidungen zu, was ihr Verhalten in der Schwangerschaft und während der Geburt betrifft. 90 Prozent sehen ausschließlich ihren Frauenarzt als kompetenten Entscheidungsträger an.“

Dies Buch möchte Frauen ermutigen, in sich hineinzuhören, die Signale ihres Körpers und ihres Kindes zu hören, zu verstehen und diesen zu vertrauen. Wie sehr sich das „lohnt“, zeigen unzählige Berichte von Frauen, die bewusst eine direkte Beziehung zu ihrem Ungeborenen eingegangen sind.

So berichtet eine Frau über die Erfahrungen, die sie und ihr Mann mit der Haptonomie gemacht haben. Die Haptonomie ist eine sehr schöne Möglichkeit, mit dem Kind schon vor der Geburt in Beziehung zu treten. Mehr dazu ab Seite 86.

„Die Haptonomie hat meinem Mann und mir während der Schwangerschaft Zeiten intensiven Kontaktes mit Anne (der Tochter, Anm. der Verf.) ermöglicht. Außerdem haben wir dadurch ihre Eigenständigkeit verspüren können. Das wiederum gab mir während der Geburt verstärkt die Sicherheit, dass jegliche Regung meines Körpers, die ich durch Anne bewirkt sah, richtig sei. Es tat gut, den Dingen einfach ihren Lauf lassen zu können. Voller Vertrauen war ich während der Zeit im Kreißsaal ständig bei ihr – mindestens eine Hand am Bauch. Auch mein Partner war die ganze Zeit ständig bei uns, gedanklich, aber auch aktiv. Das tat gut und war wichtig; für Anne, für ihn und für mich.“[3]

Aber sogar über die Geburt hinaus entwickeln sich Kinder, die schon im Bauch mit ihrer Mutter kommuniziert haben, besser. Sie sind als Baby zufriedener, ausgeglichener und schneiden im Kleinkindalter bei Sprachtests weit vor ihrer Altersgruppe ab. Immer mehr Forscherinnen und Forscher entdecken die erstaunlichen Fähigkeiten der Ungeborenen. Offenbar lernen Babys bereits im Uterus viel über ihre Umgebung, ihre Mutter, ihren Vater und ihre Geschwister. Die Koordination ihrer Bewegungen, ja sogar die Reaktion auf das Gesicht der Mutter sind auf geheimnisvolle Weise bereits „trainiert“. Die Zeit im Mutterleib ist Vorbereitungszeit, ein „pränatales Klassenzimmer“, und die Babys entwickeln dort mehr als „nur“ ihren biologischen Körper. Was sie im einzelnen entwickeln, davon will dieses Buch berichten.

Danken möchte ich, Theresia, den Frauen, die mir bei der Erstellung des Buches sehr geholfen haben: Zuallererst sicherlich Ulrike Hauffe, ohne deren Vermittlung dieses Buch nicht entstanden wäre. Herzlichen Dank für die fachliche Unterstützung: Dr. med. Mehdi Djalali, Dr. Gesine Huth, Sabine Daewoed Neumann, Dr. med. Christine Schulz-Züllich und Heike Schwitzke. Ganz besonderen Dank auch allen Frauen, die mir ihre Schwangerschaftserlebnisse erzählt und mir so viel zusätzliche Denkanstöße gegeben haben. Ihre Namen sind geändert worden, um ihre Privatsphäre zu schützen.

Kapitel 1

Die erstaunlichen Fähigkeiten des sich entwickelnden Kindes im Mutterleib

In der Vergangenheit haben wir die Fähigkeiten von Ungeborenen, aber auch von Neu- und Frühgeborenen sehr unterschätzt. Viele unserer Vorstellungen vom Leben im Mutterleib haben sich in den letzten Jahrzehnten als falsch erwiesen. Die medizinische Forschung hatte die ungeborenen und neugeborenen Kinder nicht ernst genommen und deshalb auch letztlich nicht verstanden. Sogar Babys wurde die Fähigkeit, Gefühle zu empfinden, aberkannt. Auch deshalb wurden sie noch bis vor kurzem allein in ihre Bettchen gelegt, ihr Protestgeschrei und später ihr Weinen der Verzweiflung wurden zwar gehört, es wurde aber nicht darauf reagiert. Eine solche Gefühlskälte wurde sogar medizinisch begründet: „Schreiende Babys trainieren ihre Lungen", hieß es allgemein. Eine Sichtweise, die völlig aus der Luft gegriffen war, sich aber mit konstanter Hartnäckigkeit über Generationen gehalten hat. Erst kürzlich war in einer Publikumszeitschrift nachzulesen, dass Babys durch Schreien keinesfalls ihre Lungen trainieren. Diese seelische „Abhärtungskur" wurde früher zudem damit begründet, dass Babys auf keinen Fall „verwöhnt" werden sollten. Mütter, die instinktiv spürten, dass dies nicht richtig sein kann, und denen das Weinen ihrer Kinder unerträglich war, trauten sich dennoch nicht immer, dies Wissen gegen die offizielle Erziehungslehre zu verteidigen und ihre Kinder zu sich zu nehmen. Sie halfen sich damit, das Bettchen so weit wie möglich weg zu stellen, damit sie das Schreien wenigstens nicht mehr zu hören brauchten.

Dies Nicht-hören-Wollen, das Ignorieren der inneren Stimme, findet sich auch heute in der Medizin. Was nicht beweisbar ist, darf es nicht geben; gibt es nicht. Alte Dogmen werden mit Vehemenz verteidigt, selbst neue Beweise werden nicht wahrgenommen oder abgelehnt. So ist es erst vor wenigen Jahren der Wiener Neonatologin[4] Dr. Marina Marcovich ergangen, als sie die Erfahrung machte, dass viele zu früh geborene Kinder bereits ab der 26. Woche in der Lage sind, eigenständig zu atmen, und deshalb keine künstliche Beatmung benötigen. Diese Erkenntnis widersprach eindeutig der „Lehre", nach der die Lunge zu diesem Zeitpunkt noch nicht funktionstüchtig sei. Selbst die „Beweise", nämlich die vielen, vielen extrem kleinen Frühchen, die allein atmeten, wurden als nicht relevant vom Tisch gefegt. Erst ganz allmählich setzt hier ein Nachdenken und Umdenken ein, und immer weniger Frühgeborene müssen künstlich beatmet werden.[5]

Viel Wissen über Ungeborene haben wir den zu früh geborenen Kindern zu verdanken, zeigten sie uns doch mit ihren Fähigkeiten, wozu sie bereits in der Lage sind und was wir bislang für unmöglich hielten.

Von einem ähnlichen Dogmenstreit in der Pränatalmedizin berichtet der amerikanische Psychologe Dr. David Chamberlain, der seit langem über das Leben vor der Geburt forscht und publiziert. Gestritten wird um die Denkfähigkeit beziehungsweise über die Entwicklung des Gehirns von Babys: „Es ging dabei um die Myelinscheiden, die die Nervenstränge isolieren. Ich selbst bin hier gegen eine Mauer geprallt, als ich begann, meinen Kollegen von den Geburtserinnerungen zu erzählen, von denen mir meine Patienten berichteten. Sofort kam die Reaktion: Solche Erinnerungen sind unmöglich, weil bei der Geburt die Myelinscheiden noch nicht vollständig entwickelt sind und Signale daher noch nicht richtig durch das Nervensystem übertragen werden können. Wahr ist vielmehr, dass die Myelinisierung an einigen Stellen bereits wenige Wochen nach der Befruchtung beginnt, aber erst in der Pubertät beendet ist. Sie ist kein Maßstab dafür, was das Gehirn eines Babys leisten kann."[6]

Diese zwei Beispiele zeigen, wie interpretationsbedürftig wissenschaftliche Erkenntnisse zuweilen sein können. Trotzdem ist es interessant, welche Fähigkeiten den Ungeborenen inzwischen auch auf wissenschaftlicher Basis zugeschrieben werden. Neueste Forschungsergebnisse setzen das „Funktionieren" der Sinne immer früher in der Entwicklungsgeschichte des Kindes an. Ein kleiner Überblick, der keinen Anspruch auf Vollständigkeit erhebt, möge werdenden Eltern als Leitfaden dienen, soll aber ihre eigenen Wahrnehmungen und Empfindungen nicht beschränken.

Von Tönen umgeben – die Klänge der Innenwelt

Das Auge ist der Spiegel, aber das Ohr ist die Pforte zur Seele.
Indonesisches Sprichwort

Die Entwicklung des Hörsinnes ist von besonderer Wichtigkeit für das Ungeborene, denn in einer Umgebung, in der das Sehen nur eingeschränkt möglich ist, bedeutet das Hören eine der wichtigsten Möglichkeiten, die Umwelt zu erfassen. Vielleicht ist deshalb auch das Hörvermögen von Blinden besonders gut ausgeprägt, vielleicht berichten auch deshalb einige Forscher von dem Phänomen, dass Neugeborene einige subtile Tonunterscheidungen besser treffen können als Erwachsene. Noch um 1900 hieß es, dass „alle Kinder unmittelbar nach der Geburt taub sind, weil die Luft in der Paukenhöhle vor dem Luftathmen fehlt".[7] Hier hat sich die Kenntnis der Wissenschaft erheblich erweitert. Die Anfänge der Ohrentwicklung beginnen bereits zwischen dem 15. und 18. Tag. Mit 12 Wochen differenziert sich das Cortische Organ im Innenohr (die „Schnecke"). Obwohl die anatomische Entwicklung des Ohres mit 16 Wochen noch nicht ausgereift ist, kann der Fetus bereits zu diesem Zeitpunkt (andere Quellen sprechen von 18 oder 24 Wochen) akustische Stimulationen wahrnehmen und darauf durch Veränderung des Herzschlages reagieren.[8] Das Innenohr ist das einzige Organ, das schon Mitte der Schwangerschaft seine volle Größe erreicht hat. Während der letzten drei Monate vor der Geburt ist die Cochlea, das Hörorgan, voll ausgereift und das Ungeborene reagiert auf Töne mit unterschiedlichsten körperlichen Bewegungen. Dies ist auch der Zeitpunkt, an dem die Umwelt ununterbrochen wahrgenommen wird. Zunächst hört das Kind im Mutterleib nur die niedrigen Frequenzen, aber das Hörvermögen erweitert sich kontinuierlich. Bald kann es sogar zwischen Sprachlauten unterscheiden, wie zum Beispiel „Babi" und „Biba".

Die Umwelt des Ungeborenen ist um ein Vielfaches reicher, als wir uns das noch bis vor kurzem vorgestellt haben. Eigentlich ist es im

Mutterleib nie ganz still. Zum einen hört das Kind alle Innengeräusche der Mutter: den Herzschlag, das Rumpeln der Gedärme, das Einströmen der Luft beim Atmen, das konstante Rauschen des Blutes, vielleicht hustet die Mutter, insbesondere aber hört es ihre Stimme (und zwar hauptsächlich von innen).

Diese Geräusche, allen voran der Herzschlag, haben auch nachgeburtlich großen Einfluss auf das Wohlergehen der Kinder. In einer inzwischen wohlbekannten Studie konnte nachgewiesen werden, wie positiv sich das Hören von Herztönen auf das Gedeihen und die Gesundheit von Neugeborenen auswirkt. In einer Säuglingsstation bekam ein Gruppe von Babys täglich Herztöne vorgespielt, eine andere Gruppe nicht. Die „Herztonbabys“ nahmen schneller zu, schliefen besser und weinten weniger. Diese Entdeckung wird jetzt auch mit gutem Erfolg an Frühgeborenen-Intensiv-Stationen eingesetzt. Auch hier entspannen sich die Babys und gedeihen besser, wenn sie intrauterine Töne hören können. Mittlerweile gibt es Spezialaufnahmen mit ganzen „Geräuschcocktails“, die das Hörempfinden im Mutterleib nachahmen. Ähnlich gute Erfahrungen werden auch mit einigen klassischen Musikstücken gemacht, wobei sich offenbar die Musik von Mozart besonders gut zur Entspannung eignet.

Doch auch alle Außengeräusche dringen zum Ungeborenen vor und es macht seine Mutter durch gezielte Bewegungen – Fußtritte beispielsweise – darauf aufmerksam, wenn ihm gewisse Geräusche oder Musikstücke missfallen. Allgemein bekannt dürfte inzwischen sein, dass viele Schwangere Rockkonzerte vorzeitig verlassen müssen, da ihre Kinder im Bauch sehr ungehalten auf diese „Lärmbelästigung“ reagierten. Doch die Differenzierung ist noch viel subtiler. Musik ist noch lange nicht Musik. Und selbst Akkordeonklänge werden sehr unterschiedlich bewertet. So berichtet die Akkordeonspielerin Michaela Dietl von der Vorliebe ihres Kindes für Walzermelodien, gleichzeitig aber von einer tiefen Abneigung gegen Tangorhythmen. Bei ihrer Arbeit als Straßenmusikerin hatte das durchaus Auswirkungen aufs Repertoire:

„Auf dem Marienplatz hatten wir großen Erfolg, nebenbei übten wir noch so genannte ernsthafte Lieder, die wir auf Veranstaltungen von Friedensinitiativen etc. vortrugen. Nichts schien diesen Fluss zu unterbrechen – bis sich Carla meldete. Und Carla hatte bereits einen eigenen Geschmack. Sie liebte Walzer und sie liebte vor allem italienische Schnulzen. Und sie mochte keine Tangos und keine Polkas und nur sanfte, melancholische jiddische Lieder. Helga (die Duopartnerin, Anm. d. A.) konnte es kaum glauben. Wir standen mitten auf dem Marienplatz, ein Haufen Leute um uns rum, und wir wollten natürlich noch ein schnelles Stück spielen, um die Leute noch einmal richtig aufzupeitschen. Aber Carla meldete sich so heftig, dass wir mitten im Stück aufhören mussten, um stattdessen die musikalische Runde mit einer zuckersüßen Schnulze zu beenden. Ab dem 7. Monat war Carla dann restlos kompromisslos.“[9]

Wie wichtig die Wahrnehmung und Hörfähigkeit für das sich entwickelnde Kind im Mutterleib sind, zeigt sich auf eindrucksvolle Weise an der Vielzahl von Berichten und Studien, die eine Verbindung von pränatal gehörten Ereignissen und späteren nachgeburtlichen Verhaltensweisen zeigen. Diese lassen den Schluss zu, dass das Ungeborene auch die Fähigkeit zu lernen besitzt. Einzelheiten dazu finden sich unter dem Stichwort „Lernen“, obwohl die dort beschriebenen Vorgänge oftmals ganz eng mit der Hörfähigkeit verknüpft sind.

Ebenfalls mit der Fähigkeit zu hören ist die Kommunikationsfähigkeit verbunden. Auch die Sprachentwicklung und das soziale Verhalten hängen zu einem erheblichen Teil mit der Hörfähigkeit zusammen. Chaimberlain nennt das pränatale Gehör „eine private Telefonleitung, die lange vor der Geburt die Unterhaltung mit der Familie erlaubt“.

Alfred Tomatis, der französische Pionier der Gehörforschung, vergleicht die Corti-Zellen im Innenohr mit den Sinneszellen der Haut. Die inneren und äußeren Haarzellen der Schnecke wandeln die Schallwellen in Impulse um, die ans Gehirn weitergeleitet werden. Diese Schallwellen werden über die Haut der Mutter, über die Luft und über die Knochen übertragen. Die Stimme der Mutter hört das Kind also in der Tat hauptsächlich „von innen“. Die im mütterlichen Kehlkopf entstandenen Töne wandern als Schwingungen die Wirbelsäule abwärts (denn Knochen „leiten“ Schallwellen). Im Becken, das wie ein Resonanzkörper arbeitet, werden sie nochmals verstärkt und gelangen von dort ins (teilweise knöcherne) Ohr des Kindes. Aber auch Geräusche von außen werden zu einem großen Teil über das mütterliche Ohr an das Kind weitergeleitet. Durch das Prinzip der Schallübertragung dient auch die gesamte Haut der Mutter dem Kind als „Ohrverlängerung“.

Erstaunlich ist, dass die Stimme der Mutter in der Tonlage einen Vorteil gegenüber der tieferen männlichen Stimme hat. Babys können nämlich hohe Stimmen besser hören als dunkle, tiefe. Die Bereiche im Ohr, die für den Empfang hoher Töne verantwortlich sind, werden eher ausgebildet als die Bereiche für die niedrigen Frequenzen. Erst in der Pubertät vervollständigen sich die Bereiche für niedrige Frequenzen.

Die mütterliche Stimme ist also ein erstklassiges Instrument, um mit dem Baby im Bauch Kontakt aufzunehmen. Mehr dazu in Kapitel 2.

Der Tastsinn – unser Urkontakt- und Gefühlssinn

Entwicklungsgeschichtlich wird dem Tastsinn als Urkontaktsinn, aus dem sich alle anderen Wahrnehmungsorgane und -sinne mit ihren ganz spezifischen Kontaktfähigkeiten entwickeln, höchste Bedeutung zugeschrieben. So wird auch der Tastsinn bereits in der embryonalen Phase angelegt, und zwar noch bevor sich andere Sinne entwickeln. Dies allein ist schon ein deutlicher Hinweis darauf, wie zentral die Fähigkeit zu fühlen ist, denn die Organe werden von der Natur in der Reihenfolge ihrer Wichtigkeit angelegt. Das Wort „fühlen" gibt uns einen wichtigen Hinweis auf die Dualität dieses Sinnes. Denn wir können sowohl im biologischen Sinne fühlen – körperliches Empfinden, wie wir es über die Nervenbahnen übermittelt bekommen –, aber auch psychisch können wir unzählige Gefühlsempfindungen unterscheiden. Dabei kann unser seelisches Wohlbefinden entscheidend mit über die Sinneszellen der Haut bestimmt werden. Das lässt sich sehr leicht beobachten: Wenn wir einen Säugling streicheln, so entspannt sich sein gesamter Körper und vielleicht streckt er sich wohlig wie ein kleines Kätzchen. Weinende Babys lassen sich am besten beruhigen, wenn sie aufgenommen werden und einen direkten, liebevollen Körperkontakt spüren. Auch das Wort ‚spüren' bezieht sich auf beide Ebenen – körperlich, aber auch psychisch spüren wir etwas. Das, was wir spüren, beeinflusst wiederum, was und wie wir uns fühlen.

Zwischen der achten und siebzehnten Schwangerschaftswoche entwickelt sich das Empfindungsvermögen auf Berührungsreize, und zwar ausgehend von den Lippen zu den Wangen, der Stirn, den Handinnenflächen, den Oberarmen und nach und nach über den gesamten kleinen Körper. Interessant ist die Beobachtung, dass zu Beginn das Ungeborene einer Berührung der Wange ausweicht, sich jedoch später in der Entwicklung zu der Berührungsquelle hinwendet. Dies wird mit der Entwicklung des „Schnappeffekts“ erklärt, den Neugeborene nach der Brust der Mutter zeigen und der eine wesentliche Komponente des Fütterverhaltens ist. Schon von der 13. Schwangerschaftswoche an kann er sein eigenes Gesicht berühren.

Fertig entwickelt ist die Berührungsempfindlichkeit im 5. bis 6. Monat. Durch die Ultraschallstudien der italienischen Kinder-Psychoanalytikerin Alessandra Piontelli ist jeglicher Zweifel an der Empfindungsfähigkeit der Ungeborenen hinfällig. Bei ihren Beobachtungen stellte sie immer wieder fest, auf welch vielfältige und individuell unterschiedliche Weise Kinder im Mutterleib auf Berührungsreize reagieren, aber auch, wie sie Berührungsspiele selbst initiieren. So konnte sie sehen, wie unangenehm offenbar der Nadeleinstich bei der Fruchtwasseruntersuchung auf das Kind wirkt. Zu sehen war jedenfalls, dass sich die Kinder von der Nadel weg in eine andere Ecke der Gebärmutter bewegten.

Einige Forscher berichten sogar von Beobachtungen, in denen ein Kind in der 24. Woche, das zufällig von der Nadel bei der Fruchtwasserentnahme berührt wurde, sich zunächst wegdrehte, dann aber wiederholt mit dem Arm auf die Nadel einschlug. Manche Kinder erstarren bei der Fruchtwasserentnahme wie in einem Angst- oder Schockzustand. Die Herzfrequenz ändert sich drastisch und auch die Atembewegungen verringerten sich. Erst nach einigen Tagen erreichten sie wieder den früheren Wert.[10] Weshalb der Verlust einer so kleinen Menge Fruchtwasser (20 ml) zu solch vehementen Reaktionen führt, kann bislang noch nicht erklärt werden, zumal sich die entnommene Menge Fruchtwasser recht schnell wieder nachbildet. Allerdings kommt es auch vermehrt zu Fehlgeburten nach Fruchtwasserentnahmen.

Stressreaktionen des Kindes sind auch bei intrauterinen Bluttransfusionen (im Mutterleib) nachweisbar. Eine Messung des kindlichen Hormonspiegels wies erhöhte Stresshormone nach (Kortison und B-Endorphin). Daraus wird auch wissenschaftlich eine Schmerzempfindlichkeit in Utero gefolgert.[11]

Beispiele für angenehme Berührungsreize in der mütterlichen Umwelt gibt es inzwischen auch viele. So berichtet ebenfalls Piontelli von einem Zwillingspärchen, das sich im Mutterleib gegenseitig durch die sie trennenden, transparenten Hüllen der Fruchtblasen streichelte. Später, im Kleinkindalter, wiederholten sie dieses offenbar angenehme Spiel, indem sie sich mit Tüchern umhüllten und sich durch diese dünne Umhüllung streichelten und einander liebkosten.

Tastsinn und Gleichgewichtssinn (der sich im 3. Monat entwickelt) regen die Eigenwahrnehmung des Kindes an. Das Kind berührt sich selbst – insbesondere im Gesicht, – ja, es nuckelt sogar schon an seinen Füßen, Zehen, Händen, Fingern und – wie viele Babys auch mit Vergnügen nach der Geburt – am Daumen. Einige „Intensivsauger" haben sogar bei der Geburt kleine Saugschwielen am Daumen. Doch nicht nur sich selbst, das Kind berührt auch gerne die Nabelschnur, vielleicht ist es sogar eine Art von „Spiel", und einige Kinder pflegen einen intensiven Kontakt mit der Plazenta. Piontelli berichtet von einem kleinen Mädchen, das mit Hingabe unermüdlich die Plazenta geleckt hat, und bereits im Mutterleib einen sehr sinnlichen Eindruck vermittelte, eine Verhaltensweise, die sich nach der Geburt und in den ersten Lebensjahren bestätigte.

Bei männlichen Säuglingen konnten bereits in der 16. Schwangerschaftswoche Erektionen (verbunden mit dem Daumenlutschen) beobachtet werden.

Auffällig ist jedoch die große individuelle Bandbreite, in der sich die Verhaltensweisen schon im Uterus voneinander unterscheiden. Das lässt den Schluss zu, dass die Persönlichkeit des Kindes schon von Anfang an besteht.

Der Psychologe Peter G. Hepper warnt indes vor voreiligen Schlussfolgerungen.[12] Wenn keine Reaktion auf einen Stimulus erfolge, sollte daraus nicht sogleich geschlossen werden, dass das Ungeborene diesen Reiz nicht fühlen würde. Möglich wäre immerhin auch die Möglichkeit, dass das Ungeborene auf einen bestimmten Stimulus nicht reagieren will oder vorübergehend nicht reagiert. Schließlich reagieren Erwachsene bei der Vielzahl verschiedener Außenreize auch längst nicht immer. Daraus würde schließlich niemand den Schluss ziehen, dass diese (unbeantworteten) Reize nicht wahrgenommen würden.

Die Bewegungen – der Tanz durchs Fruchtwasser

Lange ehe die Mutter die ersten Kindsbewegungen spürt (ab der 16. Woche), ist das kleine Wesen bereits sehr aktiv. Erste Zuckungen und Lageveränderungen sind per Ultraschall ab der sechsten Entwicklungswoche beobachtet worden. Von Woche zu Woche nimmt die Vielfalt der Bewegungen zu und sie werden bereits ab der 10. bzw. 12. Woche als *nicht* reflexhaft, sondern als spontan, anmutig und bis zu einem gewissen Grad auch als gesteuert beschrieben. Es bewegt sich schon die eine Hand zur anderen, die Hand zum Gesicht und zum Mund, die Glieder werden gestreckt und gebeugt, der Mund wird geöffnet und geschlossen, ja sogar Schluckbewegungen wurden schon so früh festgestellt. Selbst Rotationsbewegungen um die Längsachse sind möglich. Lacht oder hustet die Mutter, entdeckten Forscher per Ultraschall eine Bewegungsreaktion innerhalb weniger Sekunden. Besonders in der frühen Schwangerschaft ist die Bewegungsfreiheit noch nicht durch Raumnot eingeschränkt und die Winzlinge sausen, schlingern oder rotieren in einem endlosen Tanz durch das Fruchtwasser. Ultraschallbeobachter äußern sich immer wieder beeindruckt von der Anmut, dem Rhythmus, der Vielfalt und der Komplexität der Bewegungen. Alessandra Piontelli schreibt: „Ich war besonders verwundert über die Freiheit der Bewegungen, die ein Fetus – insbesondere in den frühen Entwicklungsstufen – genießen kann. Mit dem Einsetzen der Schwerkraft, der das Kind bei der Geburt unterworfen wird, verliert es diese Freiheit zunächst für eine Weile. In diesem Sinne erscheint das Baby als ein viel impotenteres Wesen als sein Vorgänger im Uterus."[13]

Schon ab der 15. Woche ist das Bewegungsrepertoire so weit wie das eines Neugeborenen ausgebildet. Ab dem 4. Monat kann das Ungeborene die Stirn runzeln, schielen und Grimassen schneiden. Wenn man ihm über die Augenlider streicht, runzelt es die Stirn, wenn man über seine Lippen streicht, beginnt es zu saugen. Saugen wie auch Schlucken sind komplexe Reflexe.[14]

Von einem Ende der Gebärmutter zum anderen Ende bewegen sich die kleinen Miniaturwesen, indem sie sich mit den Füßen und Beinen kräftig abstoßen (wie Schwimmer im Wasser…). Um zur anderen Seite zu gelangen, drehen sie sich nochmals elegant einmal um ihre Längsachse. Dieser Bewegungsablauf erfordert eine erstaunlich komplexe Koordination: eine Drehung des Rückgrats, die Rotation von Kopf und Schultern und die Anspannung der langen Spinalmuskeln. Dieses Kunststück können termingerecht Geborene erst drei bis vier Wochen nach der Geburt wieder vollführen, dann nämlich, wenn sie sich an die Schwerkraft gewöhnt haben.

Dies schwerelose Schweben im Mutterleib, von dem Forscher sich so begeistert zeigen, bleibt uns vielleicht ein ganzes Leben in Erinnerung und als Sehnsucht erhalten. In letzter Zeit wird das Element Wasser in verschiedensten Therapieformen als Medium eingesetzt. Besonders sei in diesem Zusammenhang auf das Rebirthing hingewiesen. Diese Therapierichtung will Menschen die Möglichkeit geben, sich durch Erinnerung an das vorgeburtliche Leben von möglichen Verletzungen und Traumen zu befreien. Im Wasser schwebend, nur leicht am Rücken gehalten, soll diese Erinnerung leichter zu erlangen sein und die Heilung der Gefühle einfacher möglich sein. Eine Hebamme, die einen Teil ihrer Schwangerschaftsvorbereitungskurse im Schwimmbad erteilt, ermutigt ihre Kursteilnehmerinnen dazu, sich aufs Wasser zu legen und sich – ebenfalls von einer vertrauten Person gehalten – gleiten zu lassen (Watsu-Übungen). Sie berichtete mir folgendes Erlebnis:

„Ich zog eine Schwangere sanft durch das Wasser, als sie auf einmal anfing zu sprechen: ‚Ich fühle mich wie ein Kind im Mutterleib. Es ist absolut herrlich. Die Freiheit ist grenzenlos.‘“ Durch das Medium Wasser fällt es ihren Kursteilnehmerinnen auch leichter, sich auf ihr Baby im Bauch zu konzentrieren. Mehr zu diesen Möglichkeiten siehe Kap. 2.

Süßes schmeckt besonders gut

Auch Ungeborene sind schon kleine Naschkatzen. Die Vorliebe für süße Sachen scheint uns allen in die Wiege gelegt zu sein. Bei mehreren Untersuchungen wurde eine Zunahme der Schluckbewegungen verzeichnet (Verdopplung), wenn süßes Wasser ins Fruchtwasser gespritzt wurde. Bei saurem oder bitterem Wasser hingegen wurde seltener „getrunken“. Die Reifung der Geschmacksknospen konnte schon vor der 14. Woche nachgewiesen werden. Ungeborene besitzen also einen funktionierenden Geschmackssinn und können zwischen verschiedenen Geschmacksrichtungen unterscheiden. In den letzten drei Monaten der Schwangerschaft trinkt ein durchschnittliches Ungeborenes stündlich zwischen 15 und 40 Milliliter Fruchtwasser. Das sind circa 40 Kalorien täglich. Babys von Müttern, die regelmäßig in der Schwangerschaft rauchen oder trinken, nehmen weniger Fruchtwasser zu sich. Nikotin oder Alkohol scheinen dem Baby nicht zu schmecken. Dies wird als einer der Gründe angesehen, weshalb dermaßen belastete Babys bei der Geburt kleiner sind und auch weniger wiegen (bis hin zum Untergewicht). Süßes bleibt auch nach der Geburt die Lieblingsgeschmacksrichtung. Wer schon einmal Muttermilch probiert hat, weiß, wie süß sie ist und wie gerne Babys sie trinken (ganz abgesehen davon, dass sie immer speziell auf die Bedürfnisse des Kindes abgestimmt ist). Muttermilch ist auch Seelenmilch, denn durch die intime Situation beim Stillen verschmelzen Baby und Mutter miteinander. Es ist gleichzeitig auch eine gewisse Kontinuität mit der vorgeburtlichen Situation. Es ist weiterhin der Körper der Mutter, der das Kind ernährt, und zwar nicht nur biologisch, sondern auch seelisch. Beim Stillen wird nämlich vom mütterlichen Körper ein Liebeshormon (Oxitocin) produziert. Dies fördert die Bindung zwischen Mutter und Kind.

Übrigens sucht ein neugeborenes Baby sofort die Brustwarzen der Mutter. Es ist sein Geruchsvermögen, das ihm dabei hilft, denn von den Brustwarzen der Mutter werden ähnliche Duftstoffe ausgesandt, wie sie auch im Fruchtwasser vorhanden sind. Bei Kaninchen wurde hierzu ein interessanter Versuch gemacht: In das Fruchtwasser der Mutter wurde kurz vor der Geburt Zitronenaroma gespritzt. Wurden dann nach der Geburt die Brustwarzen der Mutter geruchsunempfindlich gemacht und wurde etwas Zitronenaroma auf das Rückenfell gespritzt, so suchten die frisch geborenen Kaninchen die Brustwarzen auf dem Rücken des Muttertiers.

Sehtraining im Uterus

Noch vor 15 Jahren waren sich die Wissenschaftler nicht einig, ob Kinder im Mutterleib überhaupt schon etwas sehen können. Der Sehsinn entwickelt sich im Uterus als letzter. Noch immer wissen wir nicht sehr viel über intrauterines Sehen. Das mag aber auch auf unsere in dieser Beziehung noch nicht sehr sensiblen Testmethoden zurückzuführen sein (ein Handicap, das auch in vielen anderen Bereichen Probleme bereitet). Denn noch immer lautet eine Maxime in der Wissenschaft: Erst wenn wir Phänomene beweisen und erklären können, gibt es sie auch. Neugeborene verfügen jedoch schon über ein so ausgereiftes Sehvermögen (in vielen Bereichen schon fast auf Erwachsenenniveau), dass wir davon ausgehen müssen, dass auch dazu ein Training im Mutterleib stattgefunden haben muss. Die Sehstäbchen beispielsweise bilden sich schon Anfang des 5. Monats. Zu diesem Zeitpunkt öffnen sich auch die Augenlider wieder, die Anfang des 2. Monats zusammengewachsen sind. Vom Anfang des 7. Monats an sind die Lider dann ganz geöffnet. Verschiedene Studien berichten von Reaktionen des Ungeborenen auf intensive Lichtbestrahlung. Diese löst Bewegungen aus. So verfolgen Ungeborene die Lichtquelle bei einer punktuellen, sich bewegenden Lichtbestrahlung. Andere Forscher fanden, dass sich der Herzschlag des Kindes unter Lichtbestrahlung beschleunigt. Wenn Kinder auf die Welt kommen, so können sie zunächst nur Gegenstände sehen, die nicht weiter als 50 Zentimeter entfernt stehen. Am besten jedoch sieht das Neugeborene Menschen und Dinge, die zwischen 15 und 30 Zentimeter nahe sind. Dies sind Maße, die dem neuen Erdenbürger vertraut sind, denn der Raum in der Gebärmutter geht über diese Entfernungen nicht hinaus.

Emotionen – Mutter und Kind fühlen im Einklang

Die Mutter ist die Welt des Ungeborenen. Sie sind „eins – und doch nicht eins" – wie es eine Schwangere einmal äußerte. Die Emotionen der Mutter beeinflussen die weitere psychische und, wie einige Forscher annehmen, auch die physische Entwicklung des Kindes. Pränatalpsychologen betonen den prägenden Charakter, den mütterliche Emotionen auf das Ungeborene haben können. An dieser Stelle nochmals der Hinweis auf die Negativbeispiele. In der (Fach)-Literatur sind überwiegend Fälle beschrieben worden, in denen schwere mütterliche Traumen, mütterliche Ablehnung dem Kind gegenüber, mütterliche Abtreibungsversuche (die überlebt wurden) das spätere Leben des Kindes schwerwiegend beeinflussen, ohne dass sich die Patienten der Ursachen bewusst waren. Ein Wiedererinnern (welches durch verschiedene Methoden möglich ist) bringt oft den Durchbruch in der Therapie und hilft den Patienten, sich von so genannten negativen Engrammen (Gedächtnisspuren) zu befreien. Es ist aber genauso möglich, dass sich positive Erfahrungen im Mutterleib ein ganzes Leben bemerkbar machen und mit zu einem Urvertrauen und unerschütterlichen Optimismus beitragen. Ebenso sollte darauf aufmerksam gemacht werden, dass es nicht die kurzen Phasen von Traurigkeit, von Niedergeschlagenheit oder ein Streit mit dem Partner sind, die die Entwicklung des Ungeborenen für immer negativ beeinflussen. Solche Momente gibt es in jeder Schwangerschaft und auch ambivalente Gefühle dem Kind gegenüber sind völlig normal. Schließlich verändert sich mit der Geburt eines Kindes das Leben – besonders das Leben der Mutter – grundlegend. So wird es auch heute noch Frauen schwer gemacht, Kind und Beruf zu vereinbaren. Meist sind es noch immer die Frauen, die ihre Berufstätigkeit – und damit ihre finanzielle Unabhängigkeit – zumindest vorübergehend an den Nagel hängen. Gedanken, die werdende Mütter durchaus plagen können, sind: Wie soll ich das alles überhaupt schaffen, wie verändert sich dadurch unsere Partnerschaft, werde ich als Mutter noch begehrenswert sein? Es ist wichtig, dass sich Frauen diesen nagenden Gedanken durchaus stellen, auch wenn sie sich noch so sehr auf ihr Kind freuen. Es wird dem Kind keineswegs schaden. Solange sich die Schwangere dieser Gefühle bewusst ist, ist das sogar besser, als wenn Ängste nicht eingestanden werden und so im Geheimen bzw. im Unbewussten weiter wachsen.

Sozusagen als Gegengewicht möchte ich an dieser Stelle eine Studie vorstellen, die belegt, dass ungünstige prä- und perinatale Umstände keineswegs unweigerlich ins Chaos führen.

Die Verhaltensforscherin Emmy E. Werner von der University of California war ebenso wie viele ihrer Kollegen von der Frage fasziniert, weshalb manche Kinder aus sozial stark benachteiligten Schichten und chaotischsten Familienverhältnissen sich zu erfolgreichen, verantwortungsbewussten und emotional stabilen Persönlichkeiten entwickelten.[15] Die Fragen, die die Studie beantworten sollte, lauteten:

- Was ist „richtig“ mit diesen Kindern?
- Was können wir daraus lernen, um anderen benachteiligten Kindern zu helfen, ihre Verletzlichkeit zu überwinden?

Gesucht wurden so genannte „beschützende Faktoren“, die Kinder unanfälliger oder sogar „immun“ gegen negative Einflüsse machen. Die Schlussfolgerungen sind Ergebnis einer groß angelegten Langzeitstudie, in der alle 698 Babys, die innerhalb eines Jahres auf der Insel Kauai (Hawaii) geboren wurden, kurz nach der Geburt bis ins Erwachsenenalter (32 Jahre) mehrmals untersucht wurden. Ein Drittel der Kinder fiel in die Hochrisikogruppe, das heißt, ihre Ausgangsposition war denkbar schlecht: Sie waren leichtem bis schwerem prä- und perinatalem Stress ausgesetzt, ihre Familien waren arm, die Familienverhältnisse unharmonisch, ein oder beide Elternteile waren häufig alkoholabhängig oder psychisch krank. Trotzdem entwickelte sich ein Drittel dieser Risikogruppe positiv. Sie litten nicht an Lernstörungen, zeigten keine Verhaltensprobleme, waren gut in der Schule, erfolgreich im Beruf und führten ein harmonisches Privatleben. Kurzum: Sie waren anerkannte und beliebte Mitglieder unserer Gesellschaft. Die Forscher stellten dazu zwei Thesen auf:

1. Der Einfluss von prä- und perinatalem Stress verringert sich mit der Zeit.
2. Die Auswirkungen von Stressfaktoren biologischer Ursache (dazu rechneten die Forscher auch prä- und perinatalen Stress) sind abhängig vom sozialen Umfeld.

Darüber hinaus hatte sich gezeigt, dass auf die Kinder, die sich positiv entwickelten, folgendes zutraf:

- Nur wenige von ihnen waren im ersten Lebensjahr von ihrer primären Bezugsperson (in den meisten Fällen dürfte das die Mutter gewesen sein) getrennt worden.
- Alle hatten eine enge Beziehung zu einer festen Bezugsperson, die ihnen reichlich positive Unterstützung gab.
- Viele bekamen zudem Zuwendung von so genannten „Ersatzeltern“ wie Großeltern, älteren Geschwistern oder aus der weiter reichenden Verwandtschaft.
- Auch außerhalb der Familie fand sich eine positive Identifikationsfigur, mit der die Kinder persönlichen Kontakt hatten und die häufig eine Mentorenrolle übernahm.

Die Forscher schöpften Hoffnung aus diesen Ergebnissen: „Solange das Gleichgewicht zwischen stressgeladenen Lebensumständen und den beschützenden Faktoren stimmt, so lange ist eine erfolgreiche Stressbewältigung möglich. Wenn allerdings die Stressfaktoren überhand nehmen, dann können sogar die immunsten Kinder Probleme entwickeln.“ [16]

Diese Studie hatte leider keine Mütterbefragung über die Umstände und den Verlauf der Schwangerschaften durchgeführt. Dennoch zeigte sich, dass die später „guten“ Kinder im ersten Lebensjahr eine enge Mutter-Kind-Bindung hatten. Daraus lässt sich vielleicht auch schließen, dass die Mutter ihre enge Beziehung zu ihrem Kind über die Schwangerschaft hinaus auf die nachgeburtliche Beziehung übertragen hat. Oder umgekehrt: Eine enge postnatale Mutter-Kind-Bindung gibt einen Hinweis auf eine ebenso positive vorgeburtliche Bindungsbeziehung. Dies würde bedeuten, dass eine positive vorgeburtliche Bindung beste Voraussetzungen für den weiteren Lebensweg der Kinder bietet und sogar eine gewisse „Immunität“ gegenüber äußeren Stressfaktoren gibt.

Eine interessante Frage, die in der Studie leider auch nicht gestellt wurde, wäre gewesen, in welchem Ausmaß die Mütter der „guten“ Kinder während ihrer Schwangerschaft Unterstützung von Familienangehörigen oder Nachbarn (dem „sozialen Netz“) hatten. Es steht zu erwarten, dass dies der Fall war, denn die Beschreibung der Situation nach der Geburt und die engen Beziehungen des Kindes zu Familienangehörigen lassen den Schluss zu, dass diese Familien eng zusammenhielten und demnach auch der Mutter während der Schwangerschaft beistanden und halfen.

Wie aber übertragen sich die Emotionen der Mutter auf ihr Kind? Dass dies so ist, wurde in vielen voneinander unabhängigen Studien belegt. Waren Mütter aufgeregt – zum Beispiel vor einer Fruchtwasseruntersuchung –, so waren es auch die Kinder in der Gebärmutter. Sie bewegten sich um ein Zehnfaches mehr als vor regulären Routineuntersuchungen. Auch auf Schreckreaktionen der Mutter reagiert sogleich auch das Ungeborene. Erklärungen dafür gibt unter anderem die Hormonforschung. Nicht nur die Nahrung (und damit auch Alkohol und Nikotin) im mütterlichen Blut gelangt durch die Plazentaschranke in die kindlichen Blutbahnen, auch mütterliche Hormone gelangen auf diesem Weg zum Kind. Heftige Gefühlsreaktionen ziehen spezifische hormonelle Reaktionen und Ausschüttungen nach sich. Am bekanntesten dürfte der oft zitierte „Adrenalinstoß“ sein, der auf einen großen, plötzlichen Schreck einsetzt. Das Gehirn, das die Hormonproduktion koordiniert, bereitet so den Körper auf eine vielleicht notwendige Flucht vor und mobilisiert in Sekundenschnelle Energiereserven. Auch andere Gefühlsregungen der Mutter gelangen über die jeweils spezifischen hormonellen Reaktionen zum Kind.

Was noch vor einigen Jahren als „Ammenmärchen“ verlacht wurde, nämlich dass sich Schwangere mit schönen und harmonischen Dingen umgeben sollten und schockierende Erlebnisse und „Hässliches“ meiden sollten, ist jetzt auch durch wissenschaftliche Untersuchungen bestätigt worden. Zu schockierenden Erlebnissen können durchaus schon so harmlos klingende Ereignisse wie ein Kinobesuch gewertet werden. Ein Horrorfilm jagt der Mutter eine Gänsehaut nach der anderen über die Glieder, die hormonellen Reaktionen laufen ab, auch wenn das Gehirn ja „eigentlich“ weiß, dass der Film nicht Realität ist. Das Kind erlebt nur den Schrecken, ohne zu wissen, dass „alles gar nicht so schlimm“ ist. Aus diesem Grund sind auch zahlreiche Geschichten von Müttern dokumentiert, die das Proteststrampeln ihres Kindes im Kino nicht ertragen konnten und die Vorstellung schließlich vorzeitig verließen. Nun wird ein fürchterlicher Film das Kind sicherlich nicht dauerhaft schädigen. Alessandra Piontelli ist auch eher zurückhaltend, wenn es um die Auswirkungen mütterlicher Gefühle auf das Kind geht: „Meine Hypothese lautet, dass den Gefühlen der Mutter spezifische biochemische Faktoren entsprechen und dass wahrscheinlich nur sehr intensive Gefühle, die über einen längeren Zeitraum unverändert erhalten bleiben, Einfluss auf den Fetus ausüben.“[17]

Lernen – das „Klassenzimmer im Mutterleib“

In den letzten Jahren erregen immer wieder neue Meldungen über das „Klassenzimmer im Mutterleib“ die Öffentlichkeit. Dennoch wird der Fähigkeit des Ungeborenen, im Mutterleib zu lernen, noch immer mit Verwunderung und teilweise sogar Unglauben begegnet. Der Lernvorgang beinhaltet durchaus komplexe Vorgänge, die mehrere Sinnesfunktionen verknüpfen. Zunächst muss der Reiz wahrgenommen und eingeordnet werden. Hinzu kommt die Erinnerungsleistung, die Wiederholung und die Verhaltensanpassung auf ähnliche Stimuli. Vertraute Stimuli werden nach einiger Zeit nicht mehr beachtet, neue hingegen werden mit größerer Aufmerksamkeit bedacht.

Gut dokumentiert sind Lernvorgänge im Zusammenhang mit der mütterlichen Stimme. So stimmen die Schreimuster zu früh geborener Kinder mit den Tonmustern der mütterlichen Stimmen überein. Bereits nach zwei Tagen können Neugeborene die Stimme ihrer Mutter unter anderen weiblichen Stimmen identifizieren. Interessanterweise dauert es länger, bis die Mütter die Stimmen ihrer Kinder erkennen. Offenbar kennen die Kinder die Stimme ihrer Mutter eben schon länger. Können Neugeborene wählen zwischen der Stimme ihrer Mutter, so wie sie im Mutterleib geklungen hat, oder der Stimme, wie sie wirklich klingt, so geben sie der intrauterinen Stimme den Vorzug.[18] Bevorzugt wird weiterhin ganz eindeutig die „Muttersprache", d. h., englische Babys lieben Englisch, spanische Babys Spanisch und chinesische Babys eben Chinesisch. Die Unterscheidung der jeweiligen Sprachrhythmen und Tonvarianten prägt sich offenbar auch schon im Mutterleib ein. So können zwei Tage alte Babys ihre Muttersprache eindeutig von einer anderen Sprache unterscheiden, allerdings differenzieren sie nicht zwischen zwei ihnen unbekannten Sprachen. Herausgefunden hatte man das, indem man den Babys verschiedene Geschichten über Kopfhörer vorspielte. Das waren einmal Geschichten in der Sprache der Mutter (wobei allerdings nicht die Mutter selbst vorlas, sondern eine fremde weibliche Person), und einmal in einer der Mutter unbekannten Sprache. Gleichzeitig hatten die Babys Sauger im Mund, wobei die Person, die die Sauger hielt, die Geschichten nicht hören konnte. Ihre Vorliebe für einen der beiden Texte konnten die Babys durch den Saugrhythmus kundtun, denn der Sauger war durch ein Messgerät mit dem Tonband verbunden. Über den Saugrhythmus konnten die Babys die vertraute Sprache oder die Fremdsprache wählen. Es zeigte sich, dass die Babys ihren Saugrhythmus so gestalteten, dass sie die Geschichten in der ihnen vertrauten Sprache vorgespielt bekamen.[19]

Und noch ein erstaunliches Forschungsergebnis. Geschichten, die Mütter ihren Kindern im Bauch vorgelesen haben, werden nach der Geburt lieber gehört als „neue" Geschichten. Diese Studie von Anthony DeCasper fand in der Vergangenheit großes Interesse. Noch erstaunlicher ist jedoch die „Nachfolgestudie". Diesmal wurde untersucht, ob eine bekannte – also von der Mutter vorgelesene Geschichte – auch im Mutterleib wiedererkannt würde. Und so war es! Über einen Zeitraum von vier Wochen lasen Mütter ihren 33 Schwangerschaftswochen alten Babys ein Gedicht vor, und zwar jeden Tag einmal. Nach einem Monat (die Kinder waren in der 37. Woche also kurz vor der Geburt) wurden den Kindern jeweils das bekannte Gedicht und ein unbekanntes vorgespielt. Die Tonaufnahmen stammten auch diesmal nicht von der Mutter, sondern einer anderen Frau. Die Mütter bekamen über Kopfhörer Gitarrenmusik vorgespielt, so dass sie die Gedichte nicht hören und eventuell darauf reagieren konnten. Die Kinder hörten die Gedichte über kleine Lautsprecher, die knapp über dem Bauch der Mutter angebracht worden waren. Überprüft wurde der Herzschlag des Kindes. Bei dem bekannten Gedicht entspannte sich das Kind merklich und der Herzschlag sank – ein Zeichen für Entspannung. Bei dem unbekannten Gedicht veränderte sich der Herzschlag nicht.[20] Es war also nicht die Stimme der Mutter, die diese Reaktion hervorrief. Die Reaktion bezog sich ganz eindeutig auf das vorgelesene Gedicht. Dieses wurde sogar bevorzugt, selbst wenn es nicht der Muttersprache entsprach. Es gab nämlich auch Gedichte in Englisch, die französische Mütter ihren Kindern vorgelesen hatten. Entscheidend war in diesem Fall die Bekanntheit durch die Wiederholungen.

Andere Forscher kamen zu dem Ergebnis, dass Babys generell gerne Geschichten vorgelesen bekommen, allerdings müssen diese (unbekannten) Geschichten auch Sinn ergeben. Hören Babys bei vorgelesenen Geschichten interessiert zu, verlieren sie sehr rasch das Interesse, sobald Wörter rückwärts vorgelesen werden und so keinen Sinn mehr ergeben. Es ist also sicherlich ein Fehler, wenn wir die Intelligenz unserer Babys zu niedrig einstufen.

Damit ist jedoch noch längst nicht genug. Berichte von Müttern „beweisen" auf ihre Art, was Ungeborene offenbar schon alles von ihrer Umwelt mitbekommen und dass sie auch in der Lage sind, daraus „fürs Leben" zu lernen. Eine Frau erzählte mir folgende Geschichte:

„Ich war im 2. Monat der Schwangerschaft. Als ich nach Hause kam, war mein Mann gerade in der Küche beschäftigt und hatte sich ein Ei gekocht. Aber es roch so komisch und er meinte, ich solle doch auch mal riechen, ob das Ei in Ordnung sei. Das Ei war schlecht! Und wie! So einen fürchterlichen Gestank hatte ich noch nie gerochen. Ich ekelte mich dermaßen davor, dass ich mich übergeben musste. Seitdem hielt ich mich in der Schwangerschaft von Eiern fern und habe auch keins mehr angerührt. Das Komische ist, dass meine Tochter, die inzwischen fünf Jahre alt ist, Eier ekelhaft findet und bis heute keine Eier isst. Selbst wenn ich Eier ‚versteckt' in den Kartoffelsalat mische, merkt sie das sofort und rührt den ganzen Kartoffelsalat nicht mehr an." Ähnliche Geschichten habe ich öfter gehört. Der Ekel vor bestimmten Nahrungsmitteln in der Schwangerschaft überträgt sich häufig auf das noch ungeborene Kind. Es gibt auch Mütter, die während der Schwangerschaft kein oder nur wenig Fleisch zu sich nahmen und hinterher erstaunt waren, dass ihre Kinder kein Fleisch mögen, ja sich sogar davor ekeln.

Die australische Musiklehrerin Phyllis Wilkin berichtet von einem Erlebnis, das sie mit dem Kind einer ihrer Schülerinnen hatte. Die Schülerin hatte während ihrer Schwangerschaft eine Kassette mit Aufnahmen der Übungsstunden mit Wilkin. Zuhause spielte sie diese Kassetten täglich, um zu üben – darauf waren auch sämtliche Bemerkungen und Kommentare von Wilkin. Als Wilkin ihre Schülerin sechs Wochen nach der Geburt zu Hause besuchte, reagierte das Kind sehr intensiv auf ihre Stimme, so, als würde sie sie erkennen. Sogar bei einem zweiten Besuch einige Monate später hörte das Baby auf zu weinen, als es die Stimme Wilkins hörte.

Es gibt inzwischen fast so viele anekdotische Schilderungen von pränatalen Lernerfahrungen, wie es Babys gibt. Manchmal tauchen diese vorgeburtlichen Geschichten in Zusammenhängen auf, wo sie niemals für möglich gehalten würden. Als Journalistin interviewte ich einmal einen recht erfolgreichen Segelflieger. Auf meine Routinefrage, wie er denn an die Segelfliegerei gekommen sei, antwortete er zu meinem großen Erstaunen: „Ich bin schon vor meiner Geburt geflogen. Die Fliegerei wurde mir durch die Muttermilch übertragen." Es stellte sich heraus, dass sein Vater Segelfluglehrer war und seine Mutter sogar noch hochschwanger häufig mitgeflogen war. Sicherlich wird der kleine Junge in seiner Kindheit selbst häufig Gelegenheit gehabt haben, bei seinem Vater mitzufliegen. Auch so ließe sich seine Vorliebe für und Fertigkeit in der Fliegerei erklären. Interessant war allerdings, dass er selbst einen vorgeburtlichen Einfluss geltend machte.

Sehr schöne und durchaus auch praktische Erlebnisse berichten Mütter oft über bestimmte Musikstücke, die sie während der Schwangerschaft öfter gehört hatten. War ihr Kind im Säuglingsalter quengelig oder konnte schlecht einschlafen, dann spielten sie ihnen das jeweilige Musikstück vor und die Kinder entspannten sich und/oder schliefen sogar ein. Besonders intensiv werden die Reaktionen von Babys beschrieben, deren Mütter selbst Musik machten. Erzählungen (auch von heute berühmten Musikern und Komponisten) sind überliefert, die berichten, dass Kindern später, wenn sie selbst anfangen zu musizieren, die Musikstücke, die ihre Mutter während der Schwangerschaft spielte, direkt „zuflogen" und sie zunächst gar nicht wussten, weshalb diese bestimmten Stücke ihnen so „in den Schoß fielen".

In diesem Zusammenhang fällt mir ein Beispiel aus eigener Erfahrung ein. Als ich mit meinem ersten Kind schwanger war, sprachen mein Mann und ich miteinander Englisch. Das kam daher, dass mein Mann Holländer ist und ich lange Zeit in Amerika gelebt hatte. Wir hatten uns darüber hinaus in England kennen gelernt und Englisch war die Sprache, in der wir zuerst miteinander kommuniziert hatten. Dies hatte sich erst geändert, als mein Mann nach Deutschland übersiedelte und den Wunsch äußerte, mit mir deutsch zu sprechen, um darin besser zu werden. In der Schwangerschaft jedoch waren wir noch in der „Englischphase". Erst als mein Sohn geboren war, zog Deutsch als Sprache in unsere Familie ein. Was mir allerdings auffiel, war, dass mein Sohn einen sehr leichten Zugang zur englischen Sprache hat. Die Vokabeln fliegen ihm geradezu zu. Er braucht sie sich nur einmal durchzulesen, schon beherrscht er sie. Und auch seine Aussprache ist völlig natürlich. Er hat auch keine Probleme bei der Grammatik. Ich glaube inzwischen, dass er wichtige Grundzüge der Sprache bereits vorgeburtlich erworben hat und dass er im Englischunterricht sich nur „zu erinnern" braucht. Die französische Sprache fällt ihm übrigens wesentlich weniger leicht.

Einige Mütter, mit denen ich sprach, hatten sich bereits in der Schwangerschaft ein beruhigendes Musikstück ausgesucht, um später davon zu profitieren. Die Rechnung geht offensichtlich auf. Ähnlich positive Reaktionen registrierten Forscher mit Herzschlagrhythmen. Babys, denen regelmäßig Herztöne vorgespielt wurden, beruhigten sich, sie weinten weniger, schliefen mehr, atmeten leichter, verdauten besser und wurden sogar seltener krank.

Musikforscher verweisen seit einiger Zeit auf die Vermutung, dass der Entwicklung der Musik der Herzton zugrunde liege: „Die pränatale Hörumwelt umfasst Tonstrukturen, die eine erstaunliche Ähnlichkeit mit musikalischen Strukturen aufweisen. Vertrautheit oder Konditionierung des Hörsystems durch ständige Wiederholung solcher Tonstrukturen vor der Geburt könnte die Grundlage der Entwicklung von Musik in allen menschlichen Kulturen sein", meint der Musikprofessor Richard Parncutt[21]. Er fügt hinzu, dass gerade Kleinkinder eine gesteigerte Sensibilität gegenüber elementaren, ganz einfachen Musikstrukturen haben. Eine weitere Beobachtung von Parncutt ist der Zusammenhang der rhythmischen Bewegungen der Mutter während der Schwangerschaft – dabei insbesondere das Gehen und Laufen – und die enge Verbindung von Musik und Tanz. Die Tatsache, dass uns bestimmte Rhythmen „einfach in die Füße gehen" oder dass sich Babys durch eine Kombination von Singen und Schaukeln oft am besten beruhigen lassen, scheint eine solche Vermutung durchaus zu bestätigen.

Dieser Theorie zufolge ist es auch kein Zufall, dass der Walzer so viele Herzen erobert hat und direkt zum Tanzen auffordert, denn er vereinigt Herzschlag und Laufrhythmen.

Eine weitere enge Verbindung besteht zwischen Musik und Emotionen. Es ist oft erstaunlich, wie sehr bestimmte Musikstücke unsere Laune beeinflussen können. Ohne Worte versetzt uns ein fröhliches Musikstück „in den siebten Himmel". Musik hat einen direkten Zugang zu unseren Gefühlen. Diese Fähigkeit macht sich die Musiktherapie zunutze, die sogar handfeste körperliche Beschwerden wie Bluthochdruck behandelt. Sehr gute Behandlungserfolge sind auch von Kindern mit Lernschwierigkeiten, ja sogar autistischen Kindern dokumentiert. Sogar in der Behandlung von Komapatienten auf der Intensivstation kann die Musiktherapeutin Dagmar Gustorff vom Musikinstitut der Universität Witten-Herdecke von beeindruckenden Erfolgen berichten. Über den Atemrhythmus nimmt sie Kontakt zu ihren Patienten auf, indem sie zunächst in deren Rhythmus mitatmet. Schließlich beginnt sie den Atemrhythmus mit Tönen – meist durch ein sanftes Summen – anzureichern, was sich bis zum zarten Singen steigern kann: „Nicht wenige aus der Bewusstlosigkeit erwachte Patienten können Erinnerungen an Erlebnisse aus dieser Zeit ihrer Erkrankung mitteilen. Dies ist schon des Öfteren in der wissenschaftlichen Literatur dargestellt worden. *Es sollte also davon ausgegangen werden, dass Bewusstsein nicht mit Wachsein identisch ist. Ebenso wenig kann Bewusstlosigkeit mit Erlebnislosigkeit gleichgesetzt werden.*“[22] Diese Schlussfolgerung entbehrt sicherlich nicht einer gewissen Signifikanz in der Übertragungssituation von Kindern vor der Geburt.

Durch Musik können der Herzschlag gesenkt, das Verhalten positiv beeinflusst und psychosomatische Beschwerden gemildert werden. Wie ist das möglich? Parncutt zieht auch hierfür einen vorgeburtlichen Erklärungsansatz heran: „Gabrielssons Forschungsergebnisse (schwedischer Musikprofessor, Anm. d. Verf.) über die starken Reaktionen, die Musik auslösen kann, geben Anlass zu der Überlegung, dass in einigen Fällen durch die Musikerfahrung eine Rückverbindung zu der pränatalen Welt möglich ist. Wenn man bedenkt, dass der Fetus noch nicht selbst über Sprache verfügt, ist es auch unmöglich, vorgeburtliche Erfahrungen in Worte zu fassen, um darüber direkt und wissenschaftlich zu sprechen. Es ist daher verständlich, wenn auf Poesie und Intuition zurückgegriffen wird. Die pränatale Welt ist eine Welt der Gefühle, meist warm und glücklich (nur selten unterbrochen durch gelegentliche Probleme, Krisen oder Unfälle der Mutter), wo Hunger, Verlangen, Schmerz, Verantwortung, Verpflichtungen und Arbeit praktisch unbekannt sind… Postnataler Kontakt mit diesem ‚verlorenen Paradies‘ könnte die vielfältigen therapeutischen und spirituellen Aspekte von starken Musikerlebnissen erklären.“[23]

In Anbetracht der Tatsache, dass für Neugeborene die vorgeburtliche Phase noch nicht lange vorbei ist, vielleicht sogar den „normalen“ Zustand bedeutet (denn schließlich war diese Umgebung lange Zeit das einzig Bekannte) und die neue Umgebung zunächst gewöhnungsbedürftig ist, so erscheint auch die große Ansprechbarkeit der Säuglinge auf Musik in einem ganz neuen Licht. Auch wenn diese Schlussfolgerungen wissenschaftlich nicht abgesichert sind, bedeutet das nicht, das es nicht so wäre. Unser Wissen über die pränatale Phase ist insgesamt noch recht gering, dennoch sollte uns dies nicht daran hindern, neue Möglichkeiten mit offenen Augen und Ohren aufzunehmen. Es ließe sich so vielleicht auch vieles unserer eigenen Lebensgeschichte im Nachhinein besser verstehen.

Bewusstsein – eine kontinuierliche Entwicklung

Die Frage, ob das Ungeborene bereits über Bewusstsein verfügt, wird noch immer kontrovers diskutiert. Das Spektrum der Meinungen ist weit. Es gibt Verfechter, die meinen, Bewusstsein entstehe mit der ersten Zellteilung, andere sind davon überzeugt, das Kind würde erst nach seiner Geburt bewusst. Sehen die einen in dem heranwachsenden Kind im Mutterleib bereits einen kleinen Erwachsenen, sind andere nicht bereit, dem Kind im Mutterleib Reaktionen auf Stimuli oder gar eigenständiges Verhalten zuzugestehen. Auch wenn die Berichte vom vorgeburtlichen Lernen noch so beeindruckend klingen, so gibt es immer noch Kritiker, die darauf hinweisen, dass auch Tiere im Mutterleib lernten, deshalb aber noch lange kein Bewusstsein hätten.

Obwohl gemeinhin das Zentralnervensystem im Gehirn als Schaltstelle für bewusste Reaktionen gilt, haben sich Versuche, die zugrunde liegenden Funktionen und Mechanismen der Gehirnstrukturen mit dem Funktionieren des Bewusstseins zu verknüpfen, als schwierig, wenn nicht unmöglich erwiesen.[24] Deshalb müssen Versuche, das Entstehen des Bewusstseins mit der Entwicklung der Gehirnstrukturen zu koppeln, mit großer Vorsicht betrachtet werden.

Eine andere Möglichkeit, der Entwicklung des Bewusstseins auf die Spur zu kommen, sind Rückschlüsse aus dem beobachtbaren Verhalten. Seit das Ungeborene im Mutterleib beobachtbar geworden ist, ist diese Methode, die bei Erwachsenen recht leicht das Vorhandensein von Bewusstsein nachweist, auch für Ungeborene möglich.

Wie wir gesehen haben, ist das Verhaltensrepertoire des Ungeborenen reichhaltig und erfordert ein gewisses Maß an psychischer Verarbeitung. Die Frage bleibt jedoch, ob dieses mit Bewusstsein gleichgesetzt werden kann. Verschiedene Definitionen von Bewusstsein und verschiedene Interpretationen zum Verhalten des Ungeborenen bedingen demnach verschiedene Zeitpunkte, an die die Anfänge des Bewusstseins gesetzt werden. Diese Debatte wird uns wohl auch noch einige Zeit erhalten bleiben, denn objektiv eindeutige „Beweise“ für das Vorhandensein eines Bewusstseins gibt es nicht. Allerdings ist es sowieso eher unwahrscheinlich, dass ein bestimmter Zeitpunkt jemals definiert werden wird, an dem das Bewusstsein plötzlich – aus dem Nichts kommend – vorhanden ist. Vielmehr ist davon auszugehen, dass – analog zur biologischen Entwicklung – auch die geistige Entwicklung in einer kontinuierlichen Differenzierung – vom Einfachen zum mehr Komplexen – verläuft. Und ebenso wie die körperlichen Erfahrungen im Mutterleib als Vorbereitungszeit zur nachgeburtlichen Zeit nötig sind, so sind auch die seelischen Erfahrungen im Mutterleib wichtig für die zukünftige Entwicklung außerhalb des mütterlichen Körpers. Das bedeutet, dass die Entwicklungsperiode des Bewusstseins vor der Geburt unabdingbar notwendig ist für die normale Entwicklung des Bewusstseins nach der Geburt.

Der Hirnforscher Prof. Dr. Gerald Hüther macht darauf aufmerksam, dass alles, was auf den Einfluss vergangener Erfahrungen zurückzuführen ist, sich in der Struktur des sich entwickelnden Organismus wiederfindet: „So betrachtet ist Gedächtnis nicht an ein erinnerungsfähiges Gehirn gebunden, das die betreffende Erfahrung als innere Repräsentanz verankert und später symbolisch, bildhaft bzw. verbal wieder zum Ausdruck bringen kann. Das Gedächtnis wären dann all die vielen Spuren, die sich als Folge der Interaktion eines Lebewesens mit der äußeren Welt in seiner Struktur und seiner inneren Organisation eingegraben haben. So hat jede Zelle, jedes Organ, jedes Individuum, ja sogar jede Lebensgemeinschaft ihr eigenes, durch ihre jeweiligen bisher gemachten Erfahrungen herausgeformtes (implizites) Gedächtnis.“ [25] Das menschliche Gehirn ist darüber hinaus auch in der Lage, frühe Verhaltensmuster zu einem späteren Zeitpunkt wieder zu aktivieren und damit ein inneres Erscheinungsbild zu erzeugen. Diese Erinnerung auch aus einer vorsprachlichen Zeit lässt sich dann später „in Worte fassen“. Voraussetzung, um an diese frühesten Erinnerungen überhaupt „heranzukommen“, ist jedoch meist eine Therapiemethode, die sich der pränatalen Zeit bewusst ist und damit arbeitet. In letzter Zeit haben sich unter anderem Körpertherapien als besonders geeignet erwiesen, pränatale Erinnerungen ins Bewusstsein zu integrieren.

Wie sich das menschliche Gehirn entwickelt

Die neue Hirnforschung zeigt: Das menschliche Gehirn entwickelt sich nutzungsorientiert. Das heißt: Der Umwelt kommt für die Gehirnentwicklung eine große Bedeutung zu. Alle Erfahrungen, die ein

Mensch macht, schlagen sich in seiner Gehirnstruktur nieder. Neue Erfahrungen wirken bis auf die Ebene der Gene und verändern sogar unsere Genexpression, wie Gerald Hüther ausführt.[26] Er weist außerdem darauf hin, dass wir die meisten Erfahrungen nicht am Ende, sondern am Anfang unseres Lebens machen. Vor allem der vorgeburtlichen Phase kommt dabei besondere Bedeutung zu. In der frühen embryonalen Phase können unvorhergesehene Abweichungen der intrauterinen Versorgung des Embryos zu so gravierenden Veränderungen seiner Genexpression führen, dass es zu schwerwiegenden Fehlentwicklungen oder sogar zum Abort kommt. Gerade diejenigen Organe, die zunächst weniger überlebenswichtig sind, daher auch erst später ausreifen (zum Teil sogar noch nach der Geburt), sind in ihrer endgültigen Strukturierung durch Veränderungen in den Entwicklungsbedingungen besonders beeinflussbar. Unsere genetische Ausstattung ist sozusagen nur ein Ausdruck unserer Möglichkeiten. Erst die konkrete Situation und Erfahrung entscheidet darüber, ob die Gene überhaupt „anspringen“ oder ob sie verkümmern. Die genetische Ausstattung ist demnach längst nicht so wichtig wie die Umwelt, in der diese Gene sich weiter entwickeln können oder eben nicht. Hüther beschreibt dies so: „Bestimmte DNA-Sequenzen werden immer dann aktiviert, wenn es durch innere oder äußere Einflüsse zu Veränderungen innerhalb dieser Zellen kommt. Durch den Abruf dieser genetisch überlieferten, präformierten Handlungsmuster sind die betreffenden Zellen in der Lage, ihre bisherige innere Ordnung an die neuen Gegebenheiten anzupassen. Damit verändern sie sich selbst, schaffen eine neue innere Ordnung, entfalten neue Wirkungen und werden funktionell und auch strukturell an die neuen Bedingungen angepasst. Oft bleiben sie sogar fortan von diesen einmal entstandenen und selbst mitgestalteten Bedingungen abhängig.“[27]

Verfechter der genetischen Dominanz im menschlichen Verhalten zitieren gerne die bekannten Zwillingsstudien, in denen eineiige Zwillinge, selbst wenn sie direkt nach der Geburt voneinander getrennt wurden und keinen Kontakt mehr hatten, sich trotzdem in wesentlichen Eigenschaften und Vorlieben sehr ähnelten. Dies wurde dann stets auf den Einfluss der Gene zurückgeführt. Allerdings wird dabei vergessen, dass sämtliche Erfahrungen dieser Zwillinge auf einer gemeinsam verbrachten Pränatalzeit basieren. Hüther weist darauf hin, dass die dort angelegten Prägungen aufgrund gleicher Umweltbedingungen sich sogar noch im Erwachsenenalter zeigen, wie zahlreiche Studien belegen.

In diesem Zusammenhang nochmals ein Experiment aus dem Tierreich, das die Wechselwirkung zwischen genetischer Ausstattung und pränataler Umwelt untersuchte. Mittels einer Technik, die sich Cross-Fostering nennt, wurden Mäusemüttern Embryonen fremder Mäusestämme eingesetzt. Die Tiere des anderen Stammes zeichneten sich dadurch aus, dass sie eine bessere räumliche Orientierung und eine gut ausgeprägte Impulskontrolle hatten. Die Tiere, die vertauscht aufwuchsen, verhielten sich jedoch so wie die Muttermaus, die sie ausgetragen und aufgezogen hatte (nur in dieser Kombination waren die Ergebnisse signifikant), nicht aber wie ihr biologischer Ursprungsstamm. „Angesichts dieser Befunde müssen wir uns fragen, wie viele Eigenschaften, die bisher der Macht genetischer Programme zugeschrieben worden sind, in Wirklichkeit durch unterschiedliche intrauterine Entwicklungsbedingungen und die dort gemachten Erfahrungen geprägt und angelegt werden", so Hüther.[28]

Im Mutterleib bilden sich nicht nur die Grundlage unseres Gehirns und die Ausformung unserer Gene, sondern auch unsere körperliche Gesundheit wird vorgeburtlich in entscheidender Weise determiniert. So haben beispielsweise die vorgeburtlichen Bewegungen der Gliedmaßen entscheidenden Einfluss auf die Struktur der Gelenke. Sind diese in ihrer Bewegung eingeschränkt, können sie sich nicht richtig ausformen.[29]

Die Versorgung des sich entwickelnden Kindes mit Nährstoffen spielt darüber hinaus eine wichtige Rolle bei der Ausformung und Funktionalität des Körpers und der Organe. So berichtet beispielsweise der amerikanische Arzt Dr. Peter W. Nathanielsz von den lebenslangen Auswirkungen des Hungerwinters 1944/45 in Holland, als die deutschen Besatzungsmächte die Holländer fast aushungerten.[30] Die Babys, die in dieser Zeit in ihren Müttern heranwuchsen, entwickelten aufgrund der Unterernährung der Mutter im Erwachsenenalter gehäuft spezifische Probleme wie Verstopfung, Diabetes und Herzprobleme. Das Ausmaß der Beeinträchtigung, aber auch die Art der Beeinträchtigung hingen davon ab, in welcher vorgeburtlichen Entwicklungsphase die Kinder waren, als die Nahrungsknappkeit begann und ihre Mütter anfingen zu hungern. Männliche Babys, die nur im ersten Trimester von der Nahrungsknappheit betroffen waren, hatten in späteren Jahren hauptsächlich mit Verstopfung zu tun. Die Botschaft, die der Körper offenbar gespeichert hatte, war wohl: festhalten, was da ist, wer weiß, wann wieder etwas kommt. Es ist eben so, dass der Körper des sich entwickelnden Kindes sich an seine Umwelt perfekt anpasst. Das bedeutet, wenn nur wenig Nahrung angeboten wird, entwickeln sich sämtliche Organe so, dass sie mit weniger Nahrung auskommen. Diese Kinder sind dafür ausgerüstet, auch im späteren Leben mit weniger Nahrung leben zu können. Wenn sich aber die Lebensbedingungen ändern und diese Menschen, deren Körper pränatal auf Knappheit ausgerichtet sind, später mit zu viel fetter und zuckerhaltiger Nahrung konfrontiert werden, können die Organe damit nur schlecht zurechtkommen. Sie sind nicht dafür geschaffen, sie haben nicht die Mechanismen entwickelt, um mit diesem Überangebot klarzukommen. Dann entwickeln sich die entsprechenden Erkrankungen wie zum Beispiel Diabetes.

Aber nicht nur unser Körper wird pränatal „konditioniert", auch psychische Muster und Erwartungshaltungen werden pränatal angelegt. Oft sind das recht beständige Gefühlslagen, die wir uns nicht wirklich aus der gegenwärtigen Situation heraus erklären können und die sich niederschlagen in Sätzen wie: „Ich weiß nicht, weshalb ich mich jetzt so fühle, aber ich fühle mich so." Allerdings: All dies ist kein Grund zur Verzweiflung. Wenn wir davon ausgehen, dass wir auf diese Erde kommen, um etwas zu lernen, um uns weiterzuentwickeln, so suchen wir uns nicht nur unsere Eltern noch vor der Empfängnis aus, sondern gleichzeitig auch alle körperlichen und psychischen Anlagen und Konditionen, die notwendig sind, damit wir die (Lern)Aufgabe, für die wir auf die Welt kommen, auch möglichst gut erledigen können. Dazu kann unter Umständen auch gehören, dass wir uns in diesem Leben für einen kranken oder behinderten Körper entschieden haben. Denn auf einer Seelenebene mögen gerade diese „schwierigen Umstände" dazu beitragen, dass wir uns geistig auf eine bestimmte Weise weiterentwickeln. Dies gilt im Übrigen in gleichem Maße auch für die Eltern.

Kapitel 2

Die vorgeburtliche Mutter-Kind-Bindung

Es gibt heute kaum noch einen Geburtsvorbereitungskurs, in dem nicht die Wichtigkeit der Mutter-Kind-Beziehung angesprochen würde. Seltsamerweise beziehen sich diese Schilderungen allerdings meist auf die Stunden unmittelbar *nach* der Geburt. Diese in der Fachliteratur so viel beachtete Phase soll für Mutter und Kind prägenden Charakter besitzen. Durch die Hormonflut unter der Geburt bedingt, sind Mutter und Kind besonders aufnahmebereit und emotional ansprechbar. Der wache, kluge, ja weise Blick eines neugeborenen Kindes ist ein ganz besonders einprägsames Ereignis. Eltern, die das Glück hatten, diese ersten Stunden mit ihrem Kind ungestört gemeinsam verbringen zu können, werden diese Momente sicherlich nie vergessen. Es gibt allerdings Situationen, in denen ein solches Zusammensein nicht möglich ist. Medizinische Gründe (Kaiserschnitt unter Vollnarkose und/oder das Kind muss dringend neonatologisch weiterbetreut werden) oder organisatorische Klinikabläufe können diese wichtige Gemeinsamkeit verhindern. Letzteres kommt inzwischen glücklicherweise immer seltener vor. Die Forschungsarbeiten der Kinderärzte Prof. Marshall, H. Klaus und Prof. John H. Kennell über die Bedeutung der ersten gemeinsam verbrachten Stunden für das zukünftige Bindungsverhalten von Mutter und Kind haben entscheidend dazu beigetragen, dass die Entbindungsstationen in Krankenhäusern ihre Routineabläufe geändert haben, um Eltern diese wichtige Zeit gemeinsam zu ermöglichen. Aus dem Zusammenhang gerissen, wurde das Entstehen einer positiven Mutter-Kind-Bindung auf diese ersten gemeinsam verbrachten Stunden reduziert und andere entscheidende

Faktoren wurden kaum noch beachtet oder in ihrer Wichtigkeit unterschätzt. Dies hatte nicht selten zur Folge, dass Mütter, die diese Phase „verpasst“ hatten, sich hinterher die Frage stellten: „Kann ich überhaupt noch eine gute Bindung mit meinem Kind aufbauen?“

Inzwischen sehen Klaus und Kennell ihre Bindungstherorie auch selbst etwas differenzierter. Die Liebe zum eigenen Kind beziehungsweise die Liebe des Säuglings zu seiner Mutter ist nicht abhängig von der ersten „Prägestunde“ direkt nach der Geburt. Mit dieser Aussage nehmen sich die amerikanischen „Erfinder“ der Bondingtheorie selbst zurück und erklären in ihrem Buch „Der erste Bund fürs Leben“, dass jeder Mensch die Gefühle für sein Baby auf eigene Weise und unterschiedlich schnell entwickelt.[31] Ausschlaggebend für diesen Gesinnungswandel waren wohl Tausende von Müttern, denen wegen Komplikationen bei der Geburt der vielzitierte "Erstkontakt" verwehrt war und die sich deshalb oft noch jahrelang mit Schuldgefühlen plagten. „Doch es ist wirklich keine Tragödie, wenn Sie Ihr Baby nicht in den ersten Stunden seines Lebens an sich gedrückt haben, und Sie werden in den nächsten Tagen und Wochen noch oft Gelegenheit haben, Ihrem Kind nahe zu sein, und ein Liebesband bildet sich. (...) die Entwicklung einer engen Beziehung zwischen Eltern und Kind (ist) beinahe zwangsläufig garantiert,“ trösten Klaus und Kennell inzwischen. Aufmerksamkeit widmen sie nun deshalb dem verlängerten Wochenbett, in dem die Mütter besondere Hilfe und Unterstützung benötigen, um sich gänzlich auf ihr Kind einzustellen. Sie verweisen auf andere Kulturen, in denen Mütter in den ersten Tagen und Wochen nach der Geburt besonders geschont und verwöhnt werden. In Industrienationen werden Mütter jedoch bald nach der Geburt allein gelassen. Von ihnen wird verlangt, dass sie bald wieder funktionieren und die Versorgung des Kindes (mehr oder weniger allein) übernehmen. Eine Situation, in der Überforderung und Erschöpfung vorprogrammiert sind. Der Übergang zur Elternschaft ist eine kritische Phase und schwerwiegende Lebensveränderung. Mütter, die auf keine Unterstützung bauen können, haben, so Klaus und Kennell, Schwierigkeiten, „das primäre mütterliche Anliegen“ – nämlich die vollständige Konzentration auf das Neugeborene – zu entwickeln. Das ausgedehnte Wochenbett wird nicht ohne Grund „viertes Trigenon“ genannt, ein Hinweis auf die Verlängerung der Schwangerschaft außerhalb des mütterlichen Körpers. Eine weitreichende mütterliche Unterstützung in dieser Zeit ist deshalb eine legitime Forderung an eine Gesellschaft, die noch Meilen davon entfernt ist, mutter – und damit auch kindgerechte Strukturen zu bieten. So werden auch postnatale Depressionen als eine Folge krankmachender gesellschaftlicher Verhältnisse erklärt. Klaus und Kennell warnen auch vor zu hohen Erwartungen an die Elternschaft, die mit als Grund für neuerliche Schuldgefühle genannt werden.

Was bei Beschreibungen von Mutter-Kind-Bindungstheorien bislang nicht viel mehr als Erwähnung in einigen Sätzen erfuhr, das sind die neun Monate vor der Geburt. Doch gerade diese Zeit ist von größter Bedeutung – auch für später. T. Berry Brazelton, der bekannte amerikanische Kinderarzt, weist darauf hin, dass eine gute postnatale Mutter-Kind-Bindung immer einen Hinweis auf eine innige pränatale Bindungsbeziehung gibt. Beim Aufbau der frühen elterlichen Bindung zum Kind unterscheidet die Psychologin Gabriele Gloger-Tippelt drei Phasen: „Zuerst ist das *‚Kind im Kopf'*, dies umfasst ein mehr oder weniger erwünschtes Kind, Hoffnungen auf seine Gesundheit und einige technisch vermittelte Visualisierungen von der Gestalt des Kindes. Zweitens wird *‚das Kind im Bauch'* erfahren. Seine Bewegungen helfen der Mutter, es als getrennt von sich selbst zu sehen, Teile des kindlichen Körpers zu unterscheiden und ihm Absichten zuzuschreiben. Vor der Geburt schließlich antizipieren die Frauen *‚das Kind auf dem Arm'*. Das Kind wird in konkreten Pflegesituationen vorgestellt, das beschützt und angeregt werden will, sein Blick wird phantasiert. Dieser Wechsel impliziert eine wichtige (…) Leistung im Prozess des kognitiven (bewussten, Anm. d. Verf.) Elternwerdens."[32]

Frauen sind während der Schwangerschaft in einem besonders „offenen" Zustand. Sie nehmen ihre Gefühle intensiver wahr als sonst. Selbst eher realitätsbezogene Frauen wundern sich in der Schwangerschaft oft über sich selbst: „Ich erkenne mich selbst nicht mehr wieder", erzählte mir Ina, als sie im fünften Monat schwanger war, „ich fange wegen jeder Kleinigkeit an zu heulen. Ich bin sonst gar nicht so, aber wenn ich im Fernsehen kleine verhungernde oder verletzte Kinder aus Kriegsgebieten sehe, trifft mich das in tiefster Seele und die Tränen fließen, ob ich will oder nicht."

Oft hört man auch, dass Frauen während der Schwangerschaft regelrecht aufblühen und sich so glücklich und wohl fühlen wie nie zuvor. Das ist zu einem großen Teil auf die Hormonschwemme zurückzuführen. Nach der Ei-Einnistung übernimmt die Plazenta die

Produktion der Hormone Östrogen und Progesteron, und zwar das 30- bis 50fache der normalen Menge. Das Hormon Progesteron ist wie Balsam für die Seele. Es sorgt für Gelassenheit, beruhigt und wirkt wie ein natürliches Antidepressivum. Durch diese Anpassungsmechanismen gewährleistet die Natur einen Lebensraum für das Kind, in dem es optimal wachsen kann.

Es sind aber auch die Gedanken über „das Wunder der Natur", dass in ihrem Körper ein neues Leben heranwächst, das Schwangere immer wieder aufs Neue beglückt und verwundert. Schwangerschaft bedeutet immer einen Ausnahmezustand. Selbst wenn es die siebte ist, immer wieder ist es neu und anders. In gewisser Weise ist es ein Zustand der inneren Auflösung, der weich und empfänglich macht. Empfänglich nicht nur für die Gefühle der Umgebung, sondern in ganz besonderem Maße auch für die Gefühle aus dem Inneren. Die Schweizer Geburtsbegleiterin (die psychisch, nicht medizinisch begleitet; in Fachkreisen wird eine solche Frau auch „Doula" genannt) Christine Hurst-Prager ist überzeugt davon, dass Schwangere sich unbewusst und ganz natürlich auf ihren „Zustand" einstellen zum Wohle des Kindes: „Die tiefe Verbindung mit ihrem ungeborenen Kind macht sich bemerkbar durch Veränderungen im Verhalten, ihren Einstellungen, Vorlieben und Abneigungen. Das sind direkte Antworten auf die Bedürfnisse ihres sich entwickelnden Kindes."[33]

Betroffen von diesen Wahrnehmungsveränderungen sind, so Hurst-Prager, eigentlich alle Sinne:

Hören: Viele Schwangere entwickeln in dieser Zeit eine Abneigung gegen laute Geräusche und laute, aggressive Musik. In einer zu lauten Umgebung legen viele Schwangere ihre Hände schützend auf ihren Bauch. Wie wir im vorigen Kapitel gesehen haben, mögen auch die Ungeborenen keinen Lärm und reagieren teilweise recht bestimmend darauf. Meditative oder klassische Musik hingegen wird jetzt eher bevorzugt.

Sehen: Die emotionalen Reaktionen auf visuelle Stimulationen sind intensiver. Bilder mit negativen Botschaften rufen eher Entsetzen hervor (siehe Beispiel oben), harmonische Impressionen (schöne Sonnenuntergänge, romantische Landschaften) können Tränen der Rührung hervorrufen.

Berührung: Viele schwangere Frauen reagieren auf Berührungen mitunter recht sensibel. Das bedeutet, ihre Umgebung sollte sich dessen bewusst sein und körperlichen Kontakt (insbesondere am Bauch!) sehr liebevoll gestalten. Eine andere Besonderheit liegt darin, dass viele Schwangere in ihren eigenen Bewegungen langsamer werden. Das hat nicht unbedingt etwas mit ihrem zunehmenden Gewicht zu tun, sondern mag auch damit zusammenzuhängen, dass sie ihre Bewegungen unbewusst auf ihr Kind ausrichten.

Geruch: Bekannt sind die typischen Schwangerschaftsabneigungen gegen bestimmte Gerüche. Ihre „feinere Nase" versetzt Schwangere in die Lage, mit Gerüchen sehr differenzierend umzugehen und die „richtigen", wohltuenden, von den „falschen", unangenehmen zu unterscheiden und zu suchen beziehungsweise zu meiden.

Geschmack: Direkt legendär ist das Verlangen schwangerer Frauen nach sauren Gurken. Nicht selten wurden diese Geschmacksveränderungen auch als erstes Anzeichen einer Schwangerschaft gedeutet. Aber im Prinzip sind die Unterschiede zwischen Mögen und Meiden von Nahrungsmitteln individuell ganz unterschiedlich. Erstaunlich ist meist allerdings, dass „gesund" lebende Frauen in der Schwangerschaft ein sehr genaues Gespür für Nahrung entwickeln, die genau die passenden Aufbaustoffe für die Versorgung ihres Kindes hat. Es hatte also seinen Sinn, wenn es noch vor gar nicht so langer Zeit hieß, dem Wunsch einer schwangeren Frau nach einer bestimmten Nahrung sei unbedingt Folge zu leisten. Es war traditionell die Aufgabe des Vaters, dafür zu sorgen, dass diese Nahrungsmittel zur Verfügung standen.

Der anthroposophische Frauenarzt Hartmut Görg glaubt, dass eine Schwangere im Prinzip weiß, was für sie und ihr Kind gut ist: „Gelingt es einer Schwangeren, den Zugang zu dem Kinde zu finden, so wird alles Geschehen vertrauensvoll angenommen. Verhaltensfragen werden souverän erspürt, wobei selbst ‚unpassende' Tätigkeiten der Mutter als unbelastend und manche harmlos erscheinende Verhaltensweise auch einmal ungünstig empfunden werden können. So hat eine meiner Schwangeren wie selbstverständlich noch im achten Monat Tennis gespielt zur Empörung einiger erfahrener älterer Damen in einem Tennisclub. Oder es wurde bei einer anderen Schwangeren das hochgelobte Schwimmen als belastend empfunden. Eine schematisierbare Verhaltensweise für Schwangere gibt es nicht! Das Einzigartige des neuen Menschenwesens bestimmt die individuelle Mutter-Kind-Ordnung."[34]

Es gibt also kein Schema, nach dem sich eine „erfolgreiche" Schwangerschaft richten sollte. Wichtig ist, sich nicht von den Meinungen der Experten abhängig zu machen. Das ist nicht immer leicht. Denn Schwangerschaft, Geburt und der Umgang mit Babys sind nicht mehr unbedingt Erfahrungen, die Frauen heutzutage in Verwandtschaft oder Bekanntenkreis intensiv kennen lernen können. Oft ist erst die eigene Schwangerschaft der Zeitpunkt, an dem eine Frau beginnt, sich mit diesem Themengebiet bekannt zu machen. Es gibt heute keine traditionellen Rituale mehr, die Begleitung von schwangeren Frauen ist größtenteils institutionalisiert. Das war nicht immer so, wie die Psychologin Ulrike Hauffe deutlich macht: „Eine Schwangere früherer Jahrhunderte brauchte sich kaum Gedanken darüber machen, wie sie sich auf Geburt und Elternschaft vorbereiten kann. Sie *wurde* vorbereitet durch nachbarschaftliche Geburten und entwickelte ‚Wissen' durch das Leben mit Schwangerschaft, Geburt und Elternschaft (und auch Tod) in ihrer unmittelbaren Umgebung. Mit der stetigen Entwicklung vom Landleben zum Stadtleben, von der Großfamilie zur Kleinfamilie und auch von der Hausgeburt zur Klinikgeburt verloren Frauen ihre Gruppe, in der sie direkt ‚lernen' konnten. Sie verloren den Bezug zu den in der Dorfgemeinschaft lebenden ‚weisen Frauen' durch die Vernichtung dieses Berufsstandes insbesondere durch den Klerus und die spätere Verwissenschaftlichung der Geburtshilfe durch eine Zentralisierung der medizinischen Ausbildung und Versorgung in großstädtischen Universitäten und Krankenhäusern."

Heute steht eine Schwangere also zunächst einmal allein da. Zwar hat sie (meist, aber nicht immer) einen Partner an ihrer Seite. Dieser weiß aber in der Regel noch weniger Bescheid als sie selbst. In dieser ungewissen Situation ist der Ruf nach Experten, die sagen, wie es gemacht wird, nur verständlich.

Das Medizinsystem hat den eigentlich natürlichen Abschnitt im Leben einer Frau – die Schwangerschaft – für sich vereinnahmt. Der erste Gang führt also folgerichtig zum Gynäkologen. Dieser stellt einen Mutterpass („das Wort sollte man sich auf der Zunge zergehen lassen", Ulrike Hauffe) aus, und von nun an wird in regelmäßigen Abständen überprüft, „ob auch alles stimmt." Wie wichtig und notwendig diese Testserien auch manchmal sein mögen (eine ausführliche Diskussion über Sinn und Unsinn dieser Pathologisierung siehe Kapitel 5), verloren geht dabei unter Umständen der innere Dialog zwischen Mutter und Kind. Frauen werden nicht mehr ermuntert, nach innen zu lauschen. Warum auch, der Gynäkologe ist auf diese Äußerungen nicht mehr angewiesen, er kann selbst nachschauen. Dadurch verändert sich aber auch die Beziehung zwischen Arzt und „Patientin“. Die Frau, die ja gar nicht krank ist, geht in regelmäßigen Abständen zu einem Arzt, von dem sie sich sagen lässt, wie es ihr und ihrem Kind geht. Damit gibt sie letztlich die Kompetenzen für sich und ihren Körper aus der Hand. Es gehört inzwischen sehr viel Mut dazu, dem eigenen Körperempfinden zu vertrauen, und es ist oft noch mehr Durchsetzungsvermögen nötig, die als richtig erkannten Empfindungen auch in der Praxis durchzusetzen. Ein Beispiel, das mir eine Hebamme aus Norddeutschland erzählte, verdeutlicht dies sehr schön:

„Ich betreute eine Frau, die genau wusste, was sie an medizinischer Begleitung wollte und was nicht. Vorgesehen war im Prinzip eine Hausgeburt. Deswegen fanden auch die Untersuchungen bei ihr zu Hause statt. Den Gynäkologen hat sie während ihrer Schwangerschaft wohl nur einmal gesehen. Von Anfang an hatte ich das Gefühl, dass da alles stimmt zwischen Mutter und Kind. Auch bei den Untersuchungen war immer alles in Ordnung gewesen. Als sie allerdings weit über den errechneten Geburtstermin kam, fiel es mir immer schwerer, gelassen zu bleiben. Meine Kolleginnen (im Belegkrankenhaus), denen ich davon erzählte, warnten mich alle: ‚Bist du wahnsinnig, das ist doch viel zu gefährlich. Kannst du denn dafür noch die Verantwortung übernehmen? Pass bloß auf, dass das nicht noch schief geht,‘ und so weiter. Jedes Mal nahm ich mir nach diesen Gesprächen vor, sie ins Krankenhaus zur Kontrolle zu schicken. Aber meine Patientin war und blieb sich sicher, dass alles seine Richtigkeit habe und ihr Kind einfach noch etwas Zeit brauche. Zur rechten Zeit würde das Kind dann schon von ganz allein kommen. Ihre Sicherheit wiederum steckte auch mich an, denn ich fühlte gleichzeitig, dass sie recht hatte. Sie wusste ganz einfach, dass es ihrem Kind gut ging. Mehr um mir einen Gefallen zu tun, willigte sie schließlich ein, einmal mit ins Krankenhaus zur Ultraschallüberprüfung zu kommen. Ihre Bedingung war allerdings auch ganz klar: Kein Arzt und keinen Eingriff, gleich welcher Art. Zudem musste ich ihr versichern, dass sie das Krankenhaus wieder verlassen durfte. (Das hört sich jetzt vielleicht etwas dramatisiert an, aber die Routinevorgänge in Krankenhäusern rechtfertigen diese

Vorsichtsmaßnahmen. Es kommt eben zu häufig vor, dass bei Frauen, deren Termin schon weit überschritten ist, die Geburt eingeleitet wird – oft sogar ohne Rücksprache mit der Schwangeren, Anm. d. Verf.) Die Überprüfung ergab, dass in der Tat alles in bester Ordnung war. Meine Patientin ging also wieder nach Hause und wartete weiter ab. Für mich waren die nächsten Tagen eine wahre Nervenprobe, denn meine Kolleginnen und der Gynäkologe auf unserer Station äußerten immer massiver ihre Zweifel. Deshalb war die Geburt einige Tage später eine wahre Wohltat. Sowohl Mutter als auch Kind waren wohlauf und es gab keine Komplikationen. Das Kind wirkte auch nicht übertragen. Für mich war dieses Erlebnis einerseits eine Bestätigung, dass wir als Geburtshelfer die Gefühle der Schwangeren achten und ernst nehmen sollten. Andererseits wurde mir klar, dass dieser positive Verlauf hauptsächlich der Durchsetzungskraft und dem Selbstbewusstsein meiner Patientin zu verdanken war. Bei einer unsicher wirkenden Frau hätte ich nicht solange gewartet." Hinzufügen sollte man vielleicht hier noch, dass es auch der Hebamme zu verdanken war, dass sie der Kritik ihrer Kolleginnen und des Gynäkologen standhielt und ihrer Patientin vertraute. Auch die Hebamme hat ihrer Intuition entsprechend gehandelt. Sie fühlte die Sicherheit der Frau. Bezeichnend ist jedoch, dass eine Situation, in der eine Hebamme sich auf die Gefühle ihrer Patientin verlässt, für solch einen Aufruhr im Kollegenkreis gesorgt hatte. Unter „normalen" Gegebenheiten wäre die Geburt wohl schon zehn Tage früher eingeleitet worden. Das heißt, ein Kind, das eigentlich noch nicht bereit war, den Mutterleib zu verlassen, wäre mit Gewalt (denn anders lassen sich in diesem Fall künstlich erzeugte Wehen nicht bezeichnen) zur Geburt gedrängt worden.

Der Gynäkologe Rudolf Klimek bezieht zum Thema „Eingeleitete Geburten" sehr deutlich Stellung. Er glaubt, dass in den meisten Fällen nicht der Zustand von Mutter oder Kind die Maßnahmen zur Einleitung entscheide, sondern vielmehr rein statistische Berechnungen, obwohl allgemein bekannt ist, dass diese statistische Bestimmung des Geburtstermins immer mit einem Plus-Minus-Faktor von 22 Tagen zu verstehen ist. „Ein Baby, das zum Beispiel in der 37. Schwangerschaftswoche geboren werden muss, sollte genau zu diesem Zeitpunkt entbunden werden, nicht erst in der 42. Woche und umgekehrt. In Hessen gibt es zu viele Säuglinge, die bis zur 41. Woche entbunden werden, obwohl mindestens 15 Prozent dieser Kinder noch zwei Wochen länger in der Gebärmutter hätten bleiben müssen. Umgekehrt bleiben 50 Prozent aller Säuglinge, die bereits mit 38 Wochen übertragen sind, durch das Festhalten am so genannten Naegele-Termin ohne Hilfe“, so Klimek.[35] Ihm zufolge hat jede Frau eine eigene Schwangerschaftszeit: „Die Geburtshelfer müssen sich nach Kräften darum bemühen, der individuellen imaginären Zeit von Mutter und Fötus eine Chance zu geben. Bei einer Überprüfung der heutigen lautstarken Beschwerden über die Praxis der Geburtshilfe wird sich zeigen, dass die meisten dieser Beschwerden nicht nur die klinische Kompetenz betreffen, sondern die mangelnde Kommunikation zwischen Ärzten und Patientinnen.“[36]

Sehr häufig enden eingeleitete Geburten mit Komplikationen, wenn nicht gar in einem Kaiserschnitt, der sowohl für die Mutter, aber auch fürs Kind immer mit besonderen Risiken verbunden ist und vielerlei Nachteile mit sich bringt.[37]

Aus diesem und ähnlichen Beispielen lassen sich für das heutige Schwangerschaftsvorsorgemodell folgende Schlüsse ziehen:

1. Frauen werden unter „normalen“ Umständen nicht ermutigt und unterstützt, mit ihrem Kind in einen inneren Kontakt zu treten.
2. Haben Frauen trotz allem eine innige und enge Beziehung zu ihrem Kind, wird ihnen dennoch nicht selten die Kompetenz abgesprochen zu wissen, was für sie und ihr Kind gut ist.
3. Das hat zur Folge, dass die Bedürfnisse von Mutter und Kind missachtet und Frauen sogar entmutigt werden, auf die Signale ihrer Kinder zu achten.

Diese Entwicklung ist zutiefst zu bedauern, denn es geht so viel Potenzial verloren und so viel kann dadurch zerstört werden. Das Wissen, das Mütter um ihre Kinder haben – und zwar ganz instinktiv und direkt –, sinnvoll eingesetzt, könnte die Geburtshilfe revolutionieren. Dazu gehört, dass Frauen wieder anfangen, an sich selbst zu glauben und sich und ihrem Kind zu vertrauen. Dazu gehört auch, den Dialog mit dem Kind ganz bewusst aufzunehmen. Aber ist der Begriff „Dialog“ für ein „noch nicht sprechendes Wesen“ (lat. „in-fans“) überhaupt angebracht?

In einem philosophischen Beitrag zur Anthropologie des pränatalen Da-seins schreibt Augustinus Karl Wucherer-Huldenfeld: „Wie kann es eine Zwiesprache, Rede und Gegenrede, mit einem noch sprachlosen, vorsprachlichen Wesen geben? (...) Zum Dialog gehört vor allem, dass wir füreinander ansprechbar gestimmt sind, schweigend-horchend voneinander und aufeinander zu hören vermögen, ja dass schon das Gewahren der Anwesenheit anderer uns anzusprechen und in Anspruch zu nehmen vermag. Schon deswegen scheint es mir berechtigt, von einer Dialogfähigkeit des Kindes für einen Zeitabschnitt zu sprechen, wo die anatomisch-physiologische Befähigung zum Sprechen (im Sinne artikulierten Redens) überhaupt erst heranreift. Ja, es will mir scheinen, dass die frühe personale Kommunikation nicht nur eine für das Erlernen der Sprache und das spätere Existieren in einer Welt sinnvoller Rede zeitlich vorhergehende Bedingung darstellt, sondern vielmehr jene Ersterscheinung (jener Beginn) personaler Kommunikation ist, die als ursprünglichste Möglichkeit zu sein das Ganze unseres Daseins vom Grund und Anfang an durchragt.“[38]

Das ungeborene Kind hat uns viel zu sagen, wenn wir unsere Sinne öffnen, um zu hören. Möglichkeiten dazu gibt es viele und ganz unterschiedliche. Es gibt sogar Autoren, die einen Kontakt bereits vor der Zeugung annehmen. Einen Kontakt, der rein spirituell, nicht an Materie gebunden ist. Es ist, als ob die Seele des Kindes zur Seele der Mutter bereits vor der Manifestierung im Körperlichen einen Kontakt sucht.

Der Anthroposoph Dietrich Bauer sammelte jahrelang Berichte von Müttern, deren ungeborene Kinder, ja zum Teil sogar noch nicht gezeugte Kinder, sich mitteilten bzw. selbst ankündigten. Er schreibt: „Hört man einmal feinfühlig auf Berichte, die werdende Mütter zu geben haben von den Ahnungen, die sie von der Ankunft eines Kindes überkommen, dann zeigt sich vielfach eine ganz zarte, aber höchst konkrete Beziehung zwischen der Mutter und dem ungeborenen Kind, ja, häufig sogar zu dem noch nicht einmal empfangenen Wesen. Es wird von tief eindringlichen Traumerlebnissen erzählt, von Lichterscheinungen, gewaltigen Wolken-, Regenbogen- oder Wasserbildern oder von mächtig tönenden Stimmen, die im Zusammenhang mit der Ankündigung des Kindes auftreten. Deutlich werden dabei einmal Wesen und Charakter, das andere Mal das Aussehen des Kindes oder die Namensgebung erlebt. Es stellt sich die unbedingte Gewissheit ein, dass dieses Kindeswesen schon vor der Empfängnis existent ist.“[39]

Diese Meinung wird natürlich nicht von allen geteilt. Zweifel an der Realität solcher Schilderungen werden nicht nur von biologisch – naturwissenschaftlicher Seite erhoben, sondern auch von psychologischer. Für den Psychosomatiker Walter Dmoch beispielsweise entsteht der vorgeburtliche Dialog im Kopf der Mutter: „Spricht man von den Phantasien und dem inneren Dialog einer werdenden Mutter mit ihrem wachsenden Kind, darf man jedoch nicht aus dem Auge verlieren, dass es sich um ein emotional sehr anrührendes, allerdings phantasierendes Bezogensein auf eine kommende Zukunft handelt, in der die Mutter sich schon jetzt im Zwiegespräch fühlt. Es handelt sich aber um Erleben der erwachsenen Mutter mit ihrer differenzierten Psyche vor dem Zeitpunkt der Geburt, nicht aber um ein Erleben des Kindes und nicht um Interaktionen mit einer kindlichen Psyche." Trotz dieser Einschränkung betont Dmoch die Wichtigkeit der vorgeburtlichen Beziehung der Mutter zum Kind für das spätere Lebensschicksal des Kindes: „Daher ist es nicht gleichgültig, welche seelische Entwicklung und Reifung die Schwangere während der Vorbereitungszeit auf ihr Kind durchmacht. Insofern sehe ich präpartale Psychologie als Erleben und phantasierendes Verhalten der Mutter, nicht zuletzt als ein vorbereitendes Verhalten in einem sozialen Raum, das sehr wohl wissenschaftlich fassbar ist, weil es der Beobachtung, der Befragung und der Beschreibung durch Dritte zugänglich ist."

In diesem Bereich – wie insgesamt bei der Behandlung von Fragen, die Emotionen betreffen – ist es sehr unwahrscheinlich, auf eine einheitliche Meinung zu stoßen oder gar „die Wahrheit" zu entdecken. Dies ist auch nicht Sinn dieses Buches. Einigkeit herrscht jedoch darin, dass der frühzeitige, vorgeburtliche Kontakt zwischen Mutter und Kind sehr positive Folgen hat: sowohl für das Kind, aber auch für die Mutter. Es bleibt also jeder werdenden Mutter selbst überlassen, wie sie den Kontakt mit ihrem Kind gestaltet, und insbesondere auch, welchen Stellenwert sie diesem Kontakt gibt.

Donald W. Winnicot, ein Pionier der Säuglingsforschung, weist darauf hin, dass eine gute Bindungsbeziehung zu einem großen Teil davon abhängt, inwieweit die Mutter den heranreifenden „Fetus" bereits als eigenständige Person wahrnimmt. Er empfahl daher allen werdenden Müttern schon 1957 – und daher weit seiner Zeit voraus: „Am wichtigsten ist Dein Gefühl, dass es Dein Baby wert ist, dass Du es vom erstmöglichen Moment an als Mensch kennen lernst… Schon in der Gebärmutter ist Dein Baby ein besonderer Mensch, anders als alle anderen, und wenn es dann geboren ist, hat es eine Menge Erfahrungen gesammelt, erfreuliche wie unerfreuliche... Wenn ich Du wäre, würde ich nicht warten, bis Psychologen sich geeinigt haben, wie menschliche Babys bei der Geburt sind – fang einfach an, lern den kleinen Burschen kennen und lass ihn Dich kennen lernen."[40]

Was sich individuell richtig anfühlt, ist auch richtig. Wie eine Frau Kontakt zu ihrem Baby aufnimmt, ist immer ein ganz persönliches Geschehen. Dabei spielen die unterschiedlichsten Faktoren eine Rolle. Immer sind es jedoch die eigene Lebensgeschichte (und dazu gehört auch das eigene Erleben der Pränatalzeit und der eigenen Geburt!) und die eigene Lebenssituation, die den Rahmen abstecken und das *Wie* der Kontaktaufnahme bestimmen. Wenn im Folgenden verschiedenste Vorschläge gemacht werden, welche Möglichkeiten es gibt, um mit dem Kind im Bauch Kontakt aufzunehmen, so bedeutet das natürlich nicht, dass jede Frau all das auch genauso machen sollte. Es bedeutet auch nicht, dass eine Frau, die dies nicht macht, etwas falsch macht. Es soll eine Anregung sein, mehr nicht. Letztlich wird jede Frau den für sie selbst richtigen Weg zu ihrem Kind finden und gehen.

Es ist das Wesen der Mutter, das sich mit dem Wesen des Kindes austauscht, ihm Verständnis entgegenbringt, ihm die Welt erklärt und sie einordnet. Mütter und Kinder haben sich viel zu sagen. Auch schon vor der Geburt.

Möglichkeiten der direkten Kontaktaufnahme

Wie gesagt, es gibt vielfältige Möglichkeiten, mit dem Kind im Bauch in Kontakt zu treten. Die meisten Mütter tun dies ganz intuitiv. Selbst wenn sie manchmal auch nicht öffentlich darüber sprechen möchten (vielleicht erscheint ihnen die Beziehung zu intim und zu schützenswert), so sind sich alle Schwangeren ihres Kindes bewusst und die meisten unterhalten sich auch mit ihm. Thomas Verny und John Kelly ermutigen alle Schwangeren, den inneren Kontakt zum Baby auch ganz bewusst zu suchen: „Weiches, beruhigendes Sprechen bewirkt, dass es sich geliebt und erwünscht fühlt... Es ist von der Intelligenz her reif genug, den emotionalen Klang der mütterlichen Stimme zu spüren... Diese Kommunikation ist ein wichtiger Teil der Bindung… Und jeder Untersucher, der die Bindung nach der Geburt untersucht, stimmt zu, wie immens wichtig für beide, Mutter und Kind, die vorgeburtliche Bindung ist."[41]

In Gedanken verbunden – der innere Kontakt zwischen Mutter und Kind

Die Gedanken, die eine Mutter zu ihrem Kind in den Bauch schickt, können sehr viel sagen. Die meisten Forscher sind sich heute auch einig, dass das Kind diese Gedanken versteht und darauf seinerseits reagiert. Igor Caruso, einer der bekanntesten Pioniere der Pränatalpsychologie, schrieb dazu:

„Die Auseinandersetzung mit der Welt wurden (dem Kind, Einf. d. Autorin) von der Mutter fast vollständig abgenommen. Doch nur *fast*, denn der physiologische Haushalt der Mutter war das Medium, welches die Spuren ihrer Auseinandersetzung auch bis zur Leibesfrucht herantrug. Diese Auseinandersetzungen, die bis zum Kind vordrangen, wurden notwendigerweise dank einer Rückkoppelung beantwortet. Die Antworten mögen noch so primitiv und undifferenziert gewesen sein: Nach wenigen Monaten des interuterinen Lebens war das Kind für die Mutter ein sozialer Partner, und zwar kein eingebildeter nur, sondern seine Gegenwart wurde auch registriert und provozierte ihrerseits neue Aktionen der Mutter, die hiermit im Dialog mit dem Kind stand."[42]

Für Marion war es eine Selbstverständlichkeit, dass sie sich mit ihrem noch ungeborenen Kind unterhielt:

„Ich habe das Kind an allem teilhaben lassen, was ich gemacht habe. Schließlich ist es ja schon ein Lebewesen. Das kann man doch nicht einfach ignorieren. Ich habe so im Stillen – manchmal ganz ohne Worte – mit ihm geredet und meine Gefühle erklärt. Insbesondere bei Spaziergängen am Meer habe ich genau beschrieben, was ich sah. Es war, als würde ich einen Blinden durch meine Augen die Welt sehen lassen. Alle schönen Dinge des Lebens habe ich genau beschrieben und mich doppelt daran gefreut. Aber auch wenn ich mal traurig war, geweint habe oder Streit mit meinem Partner hatte, habe ich es meinem Baby erklärt: ‚Mama ist jetzt traurig weil…' Ich wollte, dass er genau versteht, dass ich nicht ihm böse oder über ihn traurig bin. Ich sage jetzt einfach ‚ihm', denn ich war mir schon recht bald darüber klar, dass es ein Junge war, obwohl ich das von meinem Arzt nicht bestätigt haben wollte und auch nicht brauchte, denn ich war mir auch so sicher. Oft habe ich mir auch vorgestellt, wie er aussehen würde, was er später einmal gerne machen würde. Immer habe ich ihn mit blonden Haaren und blauen Augen gesehen. Und genauso sieht er heute auch aus! Ich habe auch viel mit ihm zusammen getanzt. Das war einfach überschäumende Freude. Auch klassische Musik habe ich während der Schwangerschaft viel gehört, obwohl ich das sonst eher selten mache, aber ich hatte so irgendwie das Bedürfnis danach." Marion war erstaunt, wie sehr ihr Sohn all die Dinge, die sie so gerne in der Schwangerschaft mit ihm machte, schon als kleiner Junge auch gerne mochte. Sobald er Musik hört, fängt er an zu tanzen, wenn er einen schönen Sonnenuntergang am Meer sieht, sagt der kleine Stöpske: „Schau mal Mama, ist das nicht schön, wenn die Sonne so rot im Meer schlafen geht?"

Oft ist es schwierig, nonverbale Kommunikation zu beschreiben. Und doch kann uns diese Kommunikationsform oft mehr sagen als die mit Worten. Nonverbal können sich die wenigsten Menschen verstellen. Mit Worten lügen ist einfach, mit dem Körper lügen ist fast unmöglich. In diesem Zusammenhang werden häufig Politiker zitiert, die durch ihre Körpersprache genau das Gegenteil ihrer rhetorisch geschliffenen Reden mitteilen und sich trotzdem wundern, dass ihnen niemand Glauben schenkt. Auch im täglichen Leben sind es häufig die kleinen Signale der Körpersprache oder der Gesichtsausdruck, die uns zeigen, woran wir mit einem Menschen wirklich sind. Es scheint, als müsse diese Kommunikationsform nicht erlernt werden, denn bereits Babys „verstehen" den Gesichtsausdruck ihrer Eltern, aber auch anderer Menschen, perfekt.

Auch die Kommunikation zwischen der Mutter und ihrem ungeborenen Kind verläuft zum Großteil ohne Worte. Es sind Gefühle, die vermittelt werden. Dies bedeutet aber nicht, dass diese Form der Kommunikation weniger effektiv wäre als die mit Worten. Im Gegenteil, Gefühle vermitteln viel direkter und unmittelbarer. Die Gefahr, etwas falsch zu verstehen, ist viel geringer. Gefühle sind „echt". Allerdings erschwert dies im Nachhinein oft die Erinnerung, wie Pränatalpsychologen erkannt haben. Die Erinnerungen ihrer Patienten an ihre eigene Zeit im Mutterleib müssen aus diesem Grund erst „in Worte übersetzt werden". Auch deshalb erinnern sich die meisten nicht spontan an ihre eigene Zeit im Mutterleib. Das heißt jedoch nicht, dass wir es tatsächlich vergessen hätten. Alles, was wir erlebt haben, ist im Gedächtnis gespeichert. Im psychotherapeutischen Setting gibt es unterschiedliche Methoden, mit deren Hilfe Erwachsene sich zurückerinnern können. Die International Society for Pre- and Perinatal Psychology and Medicine (ISPPM) mit Sitz in Heidelberg hat in den vergangenen Jahren eine Vielzahl von eindrucksvollen Fällen dokumentiert, in denen Patienten ihre Pränatalzeit wiedererlebten und verarbeiteten.[43] Methoden, um unbewusstes Material bewusst zu machen, sind: Regression, gelenkte Imaginationen durch Visualisierung, Hypnose, Massage und andere Körperarbeit, freie Assoziation, Traumanalyse und verschiedene Atemtechniken. Durch ein Verstehen der eigenen pränatalen Situation wird es möglich, Projektionen aus der Vergangenheit aufzugeben und die gegenwärtige Situation klarer zu erkennen. Gerade für Schwangere kann es sehr sinnvoll sein, die Verknüpfung zu sehen zwischen ihrer aktuellen Schwangerschaft und der Zeit, als sie selbst im Bauche ihrer Mutter waren. Diese unbewussten Erinnerungen können den intrauterinen Bindungsaufbau zum Kind beeinflussen. Sind sich Schwangere dessen bewusst, kann sich das sehr positiv auswirken.

Hatten Mutter und Kind die Möglichkeit, sich während der Schwangerschaft kennen zu lernen, kann auch die Geburt davon sehr profitieren. Carmen musste in ihrer zweiten Schwangerschaft aufgrund eines Bandscheibenvorfalls viel liegen. „Ich war eigentlich eher traurig darüber, dass ich jetzt so ans Bett bzw. das Sofa gebunden war, aber ich habe meinem Kind ganz bewusst schöne Dinge erzählt. Dadurch ging es mir selbst schließlich auch wieder besser. Ich fühlte auch ganz stark, dass ich jetzt ganz unmittelbar die Verantwortung für ein anderes Lebewesen trage. Das hat mir ungeheure Kraft gegeben. Sonst neige ich eher dazu, leicht zu verzweifeln. Aber die Ruhe des Kindes hat sich auch irgendwie auf mich übertragen. Ich fühlte, ich müsse dem Kind Schutz geben. Dadurch war ich auch fähiger, Entscheidungen zu treffen. In dieser Zeit war meine Intuition gestärkt. Sowohl für mein Kind, aber auch für mich selbst. Ich brachte endlich den Mut auf, mich mehr und mehr von der Schulmedizin abzuwenden und alternative Heilmethoden auszuprobieren. Ich merkte, wie gut mir das tat.

Jeden Tag unterhielt ich mich ausgiebig mit meinem Kind. Alles vom Tag, von der Zukunft, alles, was mir durch den Kopf ging. Bei beiden Schwangerschaften träumte ich in der 13–14. Woche den Namen und das Geschlecht des Kindes. Danach war unsere Beziehung noch intensiver. Aufgrund meiner Erkrankung wollte mein Gynäkologe in der 36. Woche einen Kaiserschnitt machen. ‚Das halten Sie sonst nicht aus', sagte er. Die Geburt meines ersten Kindes wurde auch eingeleitet und ich hatte das als sehr unangenehm erlebt. Zuerst hatte ich recht viel Angst vor meiner zweiten Entbindung. Aber einen Kaiserschnitt wollte ich auch nicht. Ich wollte diesmal, dass sich mein Kind seinen Geburtstag selbst aussuchen konnte. Schließlich setzten ganz sanft Wehen ein. Zwei Wochen hatte ich völlig schmerzfrei leichte Wehen. In dieser Zeit hatte ich einen besonders intensiven Kontakt mit meinem Kind. Ich habe dem Kind auch meine Ängste und Befürchtungen erzählt. Die Wehen waren gerade so, wie ich sie ertragen konnte. Es war, als seien sie genau auf meinen Körperzustand abgestimmt. Zentimeter für Zentimeter öffnete sich der Muttermund. Als nach zwei Wochen dann das Fruchtwasser abging, ließ ich einen befreundeten Gynäkologen aus der Nachbarschaft holen. Die Wehen wurden etwas heftiger und so nach einer Dreiviertelstunde dachte ich: ‚So, jetzt geht es wohl los.' Ich hatte mich aber vertan, denn kurz darauf war Marco da. Ich konnte es selbst kaum glauben. Die Geburt war ganz leicht gewesen, ich hatte mich nicht anstrengen müssen. Es war, als hätte Marco gewusst, dass ich ihm nicht viel helfen konnte. Er hat alles allein gemacht – unendlich sanft."

Das Kind kann also ein echter Partner bei der Geburt sein – wenn wir es zulassen! Die Signale des Kindes richtig zu deuten geht natürlich viel leichter, wenn die Mutter das Kind schon „kennt" und eine gemeinsame Kommunikationsform und -ebene gefunden hat.

In den USA gibt es seit einigen Jahren gezielte Programme, die eine vorgeburtliche Bindung und vorgeburtliches Lernen fördern. So genannte „Prelearnig Programs" werden inzwischen in den meisten größeren amerikanischen Städten angeboten. An dieser Stelle möchte ich betonen, dass ich vorgeburtliche Lernprogramme, die auf eine „Intelligenzsteigerung" abzielen, mit Skepsis und Besorgnis betrachte. Ist es sinnvoll, Kinder schon vor der Geburt auf die Leistungsgesellschaft vorzubereiten mit dem Hintergedanken, sie durch vorgeburtliche Lernprogramme zu größeren Leistungen zu „erziehen"? Werden so Eliten bereits vor der Geburt gezüchtet? Ist so nicht schon die Ruhe im Mutterleib gestört? Müssen Kinder schon vor der Geburt Programme durchlaufen, die auf Effizienzsteigerung ausgerichtet sind? Dr. med. Mehdi Djalali, Gynäkologe aus Düsseldorf, beurteilt pränatale Lernprogramme mit äußerster Kritik: „Ich halte vorgeburtliche Lernprogramme für sehr gefährlich. Wenn versucht wird, dem Kind schon Fremdsprachen beizubringen oder ein Musikgenie aus ihm zu machen, so kommt das einer Vergewaltigung gleich. Das Kind hat keine Chance, sich gegen diese Berieselung zu schützen. Alles, was ein Kind im Mutterleib braucht, ist die liebevolle Bestätigung seines Daseins in Geborgenheit."

Anders sieht es aus, wenn pränatale Programme dazu dienen, den intuitiven Kontakt zwischen Mutter und Kind zu vertiefen. Im Kontext einer immer wissenschaftlicher betriebenen Geburtshilfe, in dem Geburt zu einer rein technisch-medizinischen Angelegenheit reduziert wurde, ist es offenbar inzwischen nötig, Möglichkeiten der Intuitionsverstärkung aufzuzeigen.

Der „Erfinder" dieser Programme, der Kinderarzt F. Rene Van de Carr, begann 1979 mit einem kleinen Handbuch und einem Video Eltern für seine Methode zu gewinnen. Nicht mehr als zweimal fünf Minuten täglich sollten sich Eltern auf ihr ungeborenes Kind einstellen und zu ihm Kontakt suchen. Van de Carr glaubte, dass er nur Erfolg haben würde, wenn die Anwendung nicht viel Zeit kosten würde. Und er hatte Erfolg! Tausende von Eltern haben seine Methoden befolgt und fast alle waren total begeistert. Gemeinsam mit Dr. Marc Lehrer entwickelte er 1983 ein noch weiterreichendes Programm, um Eltern-Kind-Kommunikation schon vor der Geburt zu fördern.[44] Ihre „Prenatal University" wurde in der Zwischenzeit von vielen anderen (Psychologen, Kinderärzten, Hebammen, Geburtsvorbereiterinnen) benutzt, erweitert und ergänzt. Sogar in Venezuela und in Thailand wurden Prelearning-Programme, basierend auf der Van-de-Carr-Methode, als Gesundheitserziehungsprogramme staatlich gefördert und ihre Effektivität wissenschaftlich untersucht.[45] Sämtliche Untersuchungen kamen zu dem Ergebnis, dass eine vorgeburtliche Kontaktaufnahme sich nachgeburtlich (aber auch während der Geburt: sie verlief meist komplikationsloser und es mussten weniger Schmerzmittel verabreicht werden) besonders positiv auswirkt: Die Kind-Eltern-Beziehung war sehr ausgeprägt, selbst wenn die nachgeburtliche

Umgebung eher ungünstig war (Armut, Arbeitslosigkeit, beengte Wohnverhältnisse). Der IQ des Kindes war vergleichsweise höher als bei Kindern, deren Eltern dieses Programm nicht mitgemacht hatten, die sprachlichen Fähigkeiten sowie insgesamt die Lernfähigkeit waren besser ausgeprägt. Die bessere „Leistung" der Kinder war zwar Ergebnis, nicht aber beabsichtigt. Das heißt, die Kinder wurden nicht auf Erfolg getrimmt. Allein die bewusste Beschäftigung der Mutter mit dem Kind macht den Unterschied.

Die Programme starten meist ab dem fünften Schwangerschaftsmonat, manchmal sogar davor. Van de Carr fand heraus, dass ungefähr ein bis zwei Stunden nach dem Essen (wenn der Blutzuckerspiegel der Mutter am höchsten ist) das Ungeborene am lebhaftesten reagiert und dies die beste Zeit für die Kontaktaufnahme sei.

Durch diese Programme erkennen Eltern und andere Familienangehörige das Ungeborene bereits als ein Individuum, das verstehen und auch reagieren kann. Dies hat auch Auswirkungen auf die nachgeburtliche Periode. Eltern, die an Prelearning-Programmen teilgenommen hatten, konnten offenbar auch die Signale ihres Neugeborenen besser verstehen und einordnen. Auch Weinen wurde so eher als Kommunikationssignal verstanden und dementsprechend wurde darauf reagiert. Es zeigte sich, dass die Intuition für das Kind insgesamt besser ausgebildet war und die vorgeburtliche Beziehung positive Gewohnheiten auch nach der Geburt in Gang setzte.

Auf einen interessanten Punkt in Beziehung auf Geschlechtsrollenstereotype verweist ebenfalls Van de Carr: „Wenn Familienmitglieder Kontakt mit dem Kind im Bauch aufnehmen und lernen, auf das Ungeborene einzugehen, so geschieht das in den meisten Fällen (wenn keine Fruchtwasseruntersuchung gemacht wird) ohne Bezug auf das Geschlecht des Kindes. Das heißt, dass im Normalfall niemand weiß, ob das Baby ein Mädchen oder ein Junge ist. Dies erlaubt eine Beziehungsaufnahme und -vertiefung ohne kulturell bedingte Untertöne und Stereotypen, die normalerweise ablaufen, sobald bekannt ist, welchem Geschlecht das Kind angehört." Auch hierbei ist eine nachgeburtliche Komponente von Bedeutung: „Die Eltern haben bereits eine Beziehung zu ihrem Kind entwickelt, deshalb vermindern sich die Fälle, in denen ein Kind, weil es das ‚falsche Geschlecht' hat, als weniger wertvoll oder erwünscht behandelt wird." Diese Beobachtung Van de Carrs sollte uns vielleicht zum Nachdenken anregen und die heute so beliebten Geschlechtsvoraussagen (auch per Ultraschall) etwas kritischer betrachten.

Eine vorgeburtliche Beziehungsaufnahme hat noch eine weitere positive emotionale Auswirkung: Eltern können zu einem relativ stressfreien, frustrationslosen Zeitpunkt ihr Kind kennen lernen. Im Bauch der Mutter geschieht die Versorgung noch „von selbst". Das Kind weint nicht, weckt Eltern in der Regel nicht nachts auf (von häufigen WC-Besuchen der Mutter einmal abgesehen) und ist mit einem Wort „pflegeleicht". Das kann sich nach der Geburt recht rasch ändern. Die steigenden Ansprüche des Kindes, die damit einhergehende Müdigkeit der Eltern und mögliche Komplikation (z. B. bei der Fütterung) können dazu führen, dass Eltern in ihrem Baby nicht das intelligente, interaktive und kommunikative Wesen sehen, das es eigentlich ist. Haben Eltern ihr Kind jedoch schon vor der Geburt als solches kennen gelernt, überträgt sich diese Einschätzung auch auf die Zeit nach der Geburt. Darüber hinaus treten nachgeburtliche Schwierigkeiten oder Komplikationen bei der „Kontakt-Gruppe" insgesamt weniger auf.

All dies sollte selbst Skeptiker veranlassen, sich bereits vor der Geburt dem Kind zuzuwenden. In China nimmt man seit jeher an, dass das Kind bei seiner Geburt bereits ein Jahr alt ist, ein deutlicher Hinweis darauf, dass auch dort die Schwangerschaft als Erlebenszeit gedeutet wird.

Wie der Aufbau einer vorgeburtlichen Eltern-Kind-Beziehung aussehen kann, soll deshalb hier beschrieben werden. Diesen Vorschlägen liegen die genannten Programme, eigene Erfahrungen sowie Schilderungen vieler Mütter, die ich zu diesem Thema befragt habe, zugrunde.[46] Diese Tipps sind nicht als fertiges Programm gedacht, sondern eher als Menü, aus dem sich jede Schwangere ihr eigenes Programm zusammenstellen kann. Sie sollten sich dabei von Ihren Vorlieben und Ihrer Intuition leiten lassen. Was Spaß macht, ist auch gut für Sie und Ihr Kind. Nach der Schilderung der verschiedensten Möglichkeiten, mit dem Kind Kontakt aufzunehmen, sind jeweils kurze Vorschläge angefügt, wie Sie das Gelesene in die Praxis umsetzen können. Die genannten Vorschläge sind natürlich miteinander kombinierbar.

Vorschläge, die Ihnen die „innere Ansprache" erleichtern können:

- Reservieren Sie sich eine bestimmte Uhrzeit am Tage. Am besten dann, wenn Sie sich am leichtesten eine „Auszeit" nehmen können. Es reichen schon 15 Minuten pro Tag. Wenn Sie mögen, können Sie diese Zeit natürlich auch ausdehnen. Viele Mütter berichten, dass sich ihr Kind offenbar auf diese Zeit der Kommunikation eingestellt hat und dann besonders ansprechbar ist.
- Suchen Sie sich einen Ort, an dem Sie ungestört bleiben können; stellen Sie für diese Zeit auch das Telefon ab. Setzen Sie sich so, dass Sie auf etwas Schönes blicken; sei es die Aussicht aus ihrem Fenster, ein schönes Bild oder Poster oder sonst etwas, was Sie erfreut.
- Falls Sie sich besser mit Musik entspannen können, lassen Sie meditative, harmonische Musik leise im Hintergrund laufen. Auch geführte Entspannungsübungen auf CDs sind eine gute Möglichkeit. Eine Liste finden Sie im Anhang.
- Schließen Sie zunächst die Augen und versuchen Sie alle Alltagssorgen zu vergessen. Das ist oft leichter, wenn Sie zunächst einige Male tief ein und ausatmen und sich dabei nur auf die Luft konzentrieren, die durch ihre Nase fließt. Im Rhythmus des Atems hebt sich Ihr Bauch auf und ab. Stellen Sie sich vor, dass Sie mit dem Sauerstoff, den Sie einatmen, auch Ihr Kind erreichen. Stellen Sie sich auch vor, dass die Luft, die Sie ausatmen, schon bei Ihrem Baby war. So haben Sie schon die erste spürbare Verbindung hergestellt. Stellen Sie sich weiter vor, dass Ihr Körper sich immer weiter entspannt, bis Sie sich klar und ganz ruhig fühlen. Stellen Sie sich vor, dass Sie alles sehen können, was immer Sie sich auch vorstellen. Achten Sie auch auf kleine Details, je genauer Sie hinschauen, umso klarer und einprägsamer werden Sie Ihre inneren Bilder erleben. Schauen Sie sich alles genau an, riechen Sie es, hören Sie selbst die kleinsten Geräusche, fühlen Sie die Atmosphäre.
- Legen Sie Ihre Hände auf den Bauch und stellen Sie sich vor, wie Sie Wärme und Liebe durch die Hände und durch die Bauchdecke zu Ihrem Baby schicken.
- Jetzt können Sie sich mit Ihrem Kind unterhalten. Erzählen Sie ihm von sich, wie Sie die Nachricht aufgenommen haben, dass Sie bald

ein Kind bekommen, wie Ihr Partner darauf reagiert hat. Auch wenn die Nachricht nicht unbedingt nur Freude in Ihnen ausgelöst hat, können Sie Ihrem Kind jetzt erklären, weshalb Sie nicht sofort begeistert waren. Es spricht viel dafür, dass es das sowieso gemerkt hat. Wenn Sie mit ihm darüber sprechen, wird es Sie verstehen. Sagen Sie ihm, dass Sie sich jetzt freuen und dass Ihr Leben durch seine Ankunft auch für Sie ganz anders werden wird.

- Sie können dem Baby auch von seinem Vater erzählen. Wie Sie sich kennen gelernt haben. Welche schönen Stunden Sie miteinander erlebt haben. (Paarübungen finden Sie in den nächsten Kapiteln)
- Träumen Sie gemeinsam mit Ihrem Baby von der Zeit, wenn es geboren ist. Was werden Sie dann alles gemeinsam unternehmen? Was möchten Sie dann Ihrem Baby alles zeigen? Wer freut sich noch auf seine Ankunft?
- Träumen Sie gemeinsam mit Ihrem Baby von der Zeit, wenn es ein Schulkind sein wird. Was wird es gerne machen, welche gemeinsamen Aktivitäten sind denkbar?
- Erzählen Sie Ihrem Baby von Oma und Opa. Vielleicht sogar von der Zeit, als Sie selbst klein waren.
- Träumen Sie gemeinsam mit Ihrem Baby von der Zeit, wenn es erwachsen sein wird.
- Stellen Sie sich vor, dass Sie Ihrem Baby alles geben, was es zum Leben und Wachsen braucht. Alle Vitamine, Mineralien und guten Nahrungsbestandteile für den Aufbau eines gesunden Körpers, aber gleichzeitig auch all die Liebe, positive Unterstützung, Freude und Zuversicht, die es braucht, um sich willkommen zu fühlen.
- Versuchen Sie Kontakt zu Ihrem persönlichen inneren Heiler oder Arzt zu bekommen. In jedem Menschen gibt es so etwas wie einen inneren Ratgeber, der weiß, was wir in der jeweiligen Situation brauchen und was uns gut tut. In tiefer Entspannung können Sie sich ihn vorstellen. Und Sie können ihm Fragen stellen. Lauschen Sie dann in sich nach den Antworten. Auch hierzu gibt es inzwischen geführte Visualisations-CDs und Bücher (siehe Anhang). Denn das sollten Sie nie vergessen: Alles, womit Sie sich selbst gut tun, damit tun Sie gleichzeitig Ihrem Baby gut. Das bedeutet in der Tat nichts anderes, als dass Sie gerade in der Schwangerschaft sehr gut auf sich selbst Acht geben sollten und Belastungen und Stress – so weit es in Ihrer Macht steht – zu vermeiden suchen.

– Führen Sie ein Traum-Tagebuch. Da wir dazu tendieren, unsere Träume sehr schnell wieder zu vergessen, ist es sinnvoll, das Buch direkt neben dem Bett liegen zu haben und direkt nach dem Erwachen alles aufzuschreiben. Wenn Sie etwas Erfahrung im Umgang mit Träumen haben, können Sie auch versuchen, direkt nach dem Erwachen einfach weiterzuträumen. Jetzt können Sie die Träume aufnehmen und selbst weiterträumen, so wie Sie es gerne hätten, und Sie können Ihr Baby beteiligen.
– Stellen Sie sich vor, Sie liegen auf einer wunderbaren, grünen Wiese in der Sonne. Die Sonnenstrahlen erwärmen Ihren gesamten Körper und dringen auch bis zu Ihrem Baby vor. Stellen Sie sich vor, wie sich Ihr Baby wohl fühlt in der Sonne und sein erstes Sonnenbad so richtig genießt. Die warmen, goldenen Sonnenstrahlen erfüllen auch Ihren gesamten Körper und erfrischen all ihre Organe und Zellen. Sie können regelrecht spüren, wie gut Sie überall durchblutet sind, wie alle Funktionen in Ihrem Körper genau so funktionieren, wie sie funktionieren sollen. Wenn Sie irgendwo Verspannungen spüren, senden Sie in diese Bereiche besonders viel Sonne, bis alle Spannung weich wird. Genießen Sie den Zustand völligen Wohlgefühls für einige Zeit und wachen Sie dann langsam wieder auf.

Zum Abschluss können Sie vielleicht ein Bild von sich und Ihrem Baby malen. Oder Sie schreiben Ihre Erlebnisse, die Sie während dieser Übungen hatten, in ein Schwangerschaftstagebuch. Es kann sehr schön sein, sich später das Geschriebene nochmals durchzulesen oder es sogar dem Kind später zum Lesen zu geben. In diesem Buch können Sie auch Briefe an Ihr ungeborenes Kind schreiben. Lassen Sie einfach alles so fließen, wie es Ihnen in den Kopf kommt. Sie brauchen nicht auf Grammatik oder Rechtschreibung zu achten. Das stört nur den Schreibfluss. Alles, was Ihnen in den Kopf kommt, ist in Ordnung. Manche Frauen bevorzugen es auch, einfach nur Stichwörter aufzuschreiben. Auch das geht natürlich.

Sicherlich sind die genannten Anregungen viel zu viel für eine einzige „Babyzeit“. Suchen Sie sich je nach Laune einzelne Anregungen heraus und vertiefen Sie diese nach eigener Lust und Phantasie. Lassen Sie einfach Ihre Gedanken schweifen, wenn Sie Ihrem Baby nahe sind. Oft entwickelt sich etwas ganz Neues, ganz anderes als das, was Sie sich zunächst vorgenommen hatten. Das kann sogar noch viel schöner sein, als wenn immer alles „nach Plan“ läuft.

Die Stimme als Kontaktmedium

Wenn Sie einige der vorgestellten Vorschläge in die Tat umgesetzt haben, so haben Sie Ihrem Baby bereits einiges erzählt. Sie haben es ohne Worte und „nur“ in Gedanken getan. Das ist oft die einfachste Art und Weise, Kontakt aufzunehmen. Mancher Frau kommt es vielleicht seltsam vor, laut mit ihrem noch ungeborenen Kind zu sprechen. Zum Teil auch deshalb, weil es eben noch nicht zu sehen ist. Da wir aber inzwischen wissen, welch große Rolle die mütterliche Stimme für das Ungeborene spielt, können wir sie auch ganz bewusst einsetzen. Im Prinzip kann all das, was eine Mutter ihrem Kind ohne Worte mitteilt, auch laut ausgesprochen werden. Das hat dann allerdings eine völlig andere Dimension. Worte, die laut ausgesprochen werden, sind vielleicht nicht ganz so intim, aber sie haben oft einen realeren Charakter. Dadurch, dass eine Mutter laut mit ihrem Kind im Bauch spricht, wird das Kind zum Gesprächspartner. Es wird mehr als Individuum – und zwar als eigenständiges Individuum – erlebt. Dies kann die Mutter-Kind-Beziehung auf ganz neue Beine stellen. Gesprochene Sprache ist ein Vorgang, bei dem sich Gedanken, also unsere innere Welt, in Worten ausdrückt und sich somit materialisiert.

Bei der lauten, äußeren Unterhaltung kann auch der Vater eine aktive Rolle einnehmen. Väter genießen es sehr, wenn sie merken, dass das Kind im Bauch auch auf ihre Stimme reagiert. Bernd erzählt:

„Immer wenn ich abends nach Hause kam, habe ich nicht nur meine Frau, sondern auch unsere kleine Prinzessin im Bauch begrüßt. Wir wussten nämlich schon, dass es ein Mädchen wird. Ich habe dann den Bauch meiner Frau umfasst und bei der rechten Bauchhälfte ‚Hallo mein Schatz, wie geht's dir?‘ gefragt und dann nochmals das Gleiche auf der linken Seite. Nach einer Weile habe ich gemerkt, wie die Kleine zur jeweils angesprochenen Seite hinrutschte. Das fühlte sich ganz toll an. Es war eine richtige Bewegung, an der ich mit meinen Händen erkennen konnte, dass auch sie mich erkennt.“ Auch abends auf der Couch hat Bernd viel mit seinem kleinen Töchterchen gesprochen: „Ich habe auch viel mit dem Kopf leicht auf dem Bauch gelegen und konnte dabei oft ihren Herzschlag hören. Das war immer ganz toll. Ich wusste dann immer, sie ist da, ihr geht es gut und bald werde ich sie kennen lernen. Es hat auch die Beziehung zu meiner Frau ungemein vertieft. Sie war diejenige, die dieses Wunder möglich machte.“

Der amerikanische Psychologe William B. Sallenbach berichtet von einem speziellen vorgeburtlichen Lernprogramm („Bonded Beginnings“), das er auch mit seiner Tochter durchführte und genau dokumentierte.[47] Er schildert darin eine spezielle Episode. Zu Beginn jeder Kontaktaufnahme sagte er, über den Bauch gebeugt: „Hallo, Papa ist hier.“ Dabei drückte er sacht bei jeder Silbe auf den Bauch seiner Frau. Diese Verbindung zwischen akustischen und körperlichen Signalen lud seine Tochter zur Reaktion ein. Schon nach dreimaliger Begrüßung durch diesen Satz – kombiniert mit den Klopfsignalen – klopfte die Tochter zurück!

Die Kombination von akustischen Signalen und gleichzeitiger körperlicher Verstärkung scheint sich tief ins Gedächtnis des Kindes einzuprägen, wie ein Beispiel Van de Carrs zeigt. In seinem Programm werden Mütter aufgefordert, kurze einsilbige Wörter täglich zu wiederholen, kombiniert mit leichten Klopf- oder Streichelbewegungen. Eine Mutter, die an diesem Programm teilgenommen hatte, war sehr überrascht, als sie in ihrer zweiten Schwangerschaft im fünften Monat ihrer ersten Tochter (sechzehn Monate alt) ihren Bauch mit den Worten „Schau mal den dicken Bauch von Mama. Mama hat ein Baby im Bauch“ zeigte. Daraufhin kam ihre Tochter auf sie zu und wiederholte exakt einen Teil des Prelearning-Programms, das ihre Mutter mit ihr gemacht hatte. Die Tochter klopfte und streichelte den Bauch der Mutter und wiederholte genau die Worte aus dem Programm: „Pat-pat-pat, rub-rub-rub“ (klopf klopf klopf, streichel streichel streichel). Die Mutter hatte diese Worte nach der Geburt der Tochter nicht mehr benutzt und hatte auch noch nicht mit dem Programm für ihr zweites Kind begonnen. Dennoch erinnerte sich ihre Tochter genau daran.

Van de Carr ist ein Verfechter der so genannten „Babysprache“. Ein- oder zweisilbige Wörter sollen die Kommunikation mit dem Baby erleichtern. Zweisilbige Wörter haben einen engen Bezug zum Herzrhythmus und kommen deshalb der Erfahrungsebene des Babys entgegen. In fast allen Sprachen sind die Worte für Ma-ma und Pa-pa auch zweisilbig. Auf die Bedeutung der Zweisilber macht auch Wucherer-Huldenfeld aufmerksam:

„Wenn später in der Lallperiode unter den ersten deutlicher artikulierten Lautgebilden die Zweisilber da-da, do-do, ma-ma, pa-pa überwiegen, könnte man den Schluss wagen, es handele sich genau genommen nicht um ‚Lall*mono*loge‘, sondern um die freie Wiedergabe des lange gehörten Doppeltons des mütterlichen Herzens, womit nunmehr auf das befriedigende Da-sein im Offenen des Bereichs gegenwärtiger mütterlicher Anwesenheit geantwortet wird.“[48]

Die Stimme der Mutter ist für das Ungeborene ein ganz wichtiger Bezugs- und Angelpunkt. Wucherer-Huldenfeld: „Das Ungeborene kann sich der Mutter und ihrer Stimme gar nicht entziehen. Ist sie schrill, zornig oder freudig, summt sie dem Baby etwas vor, spricht sie zärtlich und leise zu ihm, zum Beispiel, wenn sie auf seine Bewegungen eingeht – oder redet sie überhaupt wenig, ist sie frustriert verstummt oder gar taubstumm? (…) In der Stimme (zu der auch die Sprache des Schweigens gehört) ist die Mutter selber für ihr Kind da, das an ihrem Gestimmtsein, an der jeweiligen Art und Weise des Offenständigseins ihres Daseins und ihrer unmittelbaren Welterschlossenheit teilnimmt.“[49]

Die Stimme der Mutter nimmt für das Ungeborene auch deshalb eine Sonderstellung ein, da Geräusche von außen nur mit einer Lautstärke von 20 db wahrgenommen werden, die Stimme der Mutter hingegen etwa 35 db erreicht.[50]

Ungeborene, so glaubt Wucherer-Huldenfeld, hören mit einer sehr großen Intensivität, denn ihr Hören sei noch nicht auf jene Beiläufigkeit reduziert, mit der man gewöhnlich hört, wenn man etwas sieht. Tomatis verweist auf die hohe emotionale Ansprechbarkeit, die mit der mütterlichen Stimme verbunden ist. Therapien mit autistischen Kindern beispielsweise, in denen man den Kindern die mütterliche Stimme künstlich gefiltert – wodurch die Stimme wie im Mutterleib klang – vorspielte, weisen verblüffend erfolgreiche Ergebnisse auf.[51]

Hier nun wieder einige Vorschläge, wie die Stimme – der Mutter oder des Vaters – als Kontaktmedium eingesetzt werden kann.

Zur Einstimmung siehe voriges Kapitel.

- Lesen Sie Ihrem Kind etwas vor. Am besten täglich (ab 5. Monat). Besonders eignen sich schöne Geschichten mit Tiefgang. Beispielsweise „Die Möwe Jonathan“ oder Texte von Khalil Gibram, aber auch Ihre persönliche Lieblingsgeschichte. Ebenfalls bestens geeignet sind Gedichte. Lesen Sie immer wieder denselben Text. Ihr Kind wird diesen Text später wiedererkennen und Sie können ihn dann sehr gut als Gute-Nacht-Geschichte einsetzen. Es können aber auch Vater, Geschwister oder andere nahe stehende Personen dem

Kind eine Geschichte vorlesen. Das kann dieselbe sein oder aber eine „eigene“, die dann nur von der einen Person vorgelesen wird.

- Erzählen Sie dem Baby auch eigene Geschichten, oder ändern Sie bestehende Geschichten individuell ab, so dass die Situation auf Sie selbst und Ihr Kind zutrifft. All dies ist eine gute Vorübung zum Geschichtenerzählen später, wenn es geboren ist.
- Sprechen Sie mit Ihrem Kind über die bevorstehende Geburt. Eine „Geburtsvorbereitung“ des Kindes kann sehr sinnvoll sein, denn schließlich ist das Kind ja aktiver Partner bei der Geburt. Lassen Sie Ihr Kind wissen, dass Sie diesen Übergang gemeinsam bestehen werden, dass Sie immer bei ihm sind (nicht nur körperlich, sondern auch in Gedanken) und ihm nach allen Kräften helfen wollen und werden. Bitten Sie um seine Mithilfe nach dem Motto: „Zu zweit geht es leichter“.
- Sprechen Sie mit Ihrem Kind auch über Ihre Ängste und Sorgen. Solange Sie ihm zu verstehen geben, dass Sie nicht Ihr Kind dafür verantwortlich machen, kann Ihr Kind Ihre Emotionen so besser verstehen.
- Singen Sie Ihrem Baby ein Lied. Auch wenn Sie normalerweise nicht singen, in der Schwangerschaft ist es eine gute Idee, damit anzufangen. Zum einen hat Singen nachweislich günstige Auswirkungen auf unser Immunsystem und macht glücklich. Zum anderen können Sie auf diese Weise noch intensiveren Kontakt zu ihrem Baby knüpfen. Und da Babys Wiederholungen lieben, entscheiden Sie sich für ein, zwei schöne, beruhigende Lieder, die sie in regelmäßigen Abständen singen. Vielleicht sogar unter der Dusche. Da klingt es tatsächlich noch besser. Und natürlich sind diese Lieder später die idealen Schlaf- und Beruhigungslieder (siehe auch Kapitel Musik).
- Auch ein wenig „Small Talk“ mit dem Baby ist eine schöne Gelegenheit, sich einander mitzuteilen. Kommentieren Sie alltägliche Situationen, Ihre Gefühle, Ihre Arbeit.
- Sie können Ihrem Kind gar nicht oft genug sagen, wie sehr Sie es lieben. Vielleicht erfinden Sie hübsche Kosenamen, die Sie auch später nach der Geburt verwenden können. Der Vorteil von Kosenamen ist, dass viele geschlechtsneutral eingesetzt werden können. Falls Sie schon wissen, welches Geschlecht Ihr Kind hat und welchen Namen Sie ihm geben wollen, können Sie es auch „bei seinem Namen nennen“.

- Erzählen Sie Ihrem Kind von den Geschwistern (falls Sie schon Kinder haben), ja lassen Sie die Geschwister auch mit dem neuen Baby im Bauch reden. Kinder finden den Zugang meist ganz leicht und selbstverständlich. Meist streicheln sie spontan den Bauch dabei und nehmen das Kind als ihresgleichen an. Vielleicht erzählen Ihre Kinder sogar aus der Zeit, als sie selbst noch bei Ihnen im Bauch waren. Nehmen Sie diese Beschreibungen ernst und verulken Sie Ihre Kinder deswegen nicht. Vielleicht ist dies mit ein Grund, weshalb Kinder später (und Erwachsene!) das Leben vor der Geburt „vergessen" haben. In einer kleinen Untersuchung in einem Kindergarten stellte sich heraus, dass sich noch sehr viele Kinder im Alter von zwei bis vier Jahren an ihre intrauterine Zeit erinnern können.[52]
- Falls Sie selbst – oder ihr Mann – eine zweite Muttersprache haben, können Sie natürlich auch Geschichten in dieser Sprache vorlesen oder erzählen. Nicht unter der Prämisse, dass Ihr Kind zweisprachig auf die Welt kommt, sondern eher unter dem Aspekt, dass durch die Sprache auch ein Stück der Kultur des Vaters oder der Mutter übermittelt wird.

Auch bei diesen Vorschlägen gilt: Diese Tipps sollten lediglich als Gedankenanstöße verstanden werden. Entwickeln Sie Ihr eigenes Programm. Vertiefen, erweitern Sie nach Herzenslust. Was zählt, ist, dass es Ihnen und Ihrem Kind gut geht dabei. Und das können nur Sie erkennen!

Denken Sie auch daran, dass auch das Wie des Sprechens, die Intonation also, von großer Bedeutung für das Verständnis ist. Durch bloße Nuancen in der Betonung können Worte ihre Bedeutung verändern bis hin zum Gegenteil. Gerade beim Ungeborenen ist dieser Umstand wichtig, wie Richard Parncutt ausführt: „Wir wissen aus der Sprachforschung, dass der emotionale Inhalt der Sprache zum großen Teil durch deutliche Veränderungen in der fundamentalen Frequenz (die Prosodie oder Lauteigenschaft einer Sprache) transportiert wird. Entsprechend könnte die Prosodie der mütterlichen Sprache für den Fötus eine der wichtigsten Quellen von Informationen über den emotionalen Zustand der Mutter sein, was angesichts der primären Abhängigkeit vom emotionalen Zustand der Mutter von nicht zu unterschätzender Bedeutung ist. Es lässt sich also annehmen, dass der Fötus sehr sensibel für sprachliche Intonation wird."[53]

Spielerischer Umgang mit dem Kind im Bauch

Zunächst mag es etwas ungewohnt, ja sogar befremdlich erscheinen, wenn ich Sie im folgenden auffordern möchte, auch mit Ihrem Kind im Bauch zu spielen. Geht das denn überhaupt? Muss man beim Spielen nicht sein Gegenüber sehen und anfassen können? Mit ein wenig Phantasie und Offenheit kann das Spiel mit dem Ungeborenen sogar sehr viel Spaß machen.

Dazu erzählte mir eine Hebamme aus ihrer eigenen Schwangerschaft: „Ich habe sehr intensiv mit meinem ersten Kind im Bauch gespielt. Die anfängliche Aufforderung kam eindeutig vom Kind. So hatte ich es jedenfalls aufgefasst. Irgendwann einmal, als er wieder so strampelte und seine Füßchen fast aus meiner Bauchdecke heraussteckte, habe ich den Fuß einfach festgehalten. Daraus hat sich ein richtiges Spielchen entwickelt, an dem sich auch mein Mann begeistert beteiligt hat. Manchmal, wenn Mark auffallend ruhig war, habe ich meinen Bauch etwas gepufft und gesagt: ‚Eh, bist du noch da? Bitte melden!' Und meist sofort kam die Antwort zurück: ‚peng'. Für mich war immer ganz klar, dass mir meine Kinder antworten. Besonders mein Erster war aktiv, aufgeweckt und lustig. Wir hatten schon vor seiner Geburt viel Spaß miteinander. Mein zweites Kind war allerdings etwas ruhiger und hat sich auf die Spielerei nicht so eingelassen. Auch darauf muss man sich einstellen. Es sind halt nicht alle Kinder gleich. Das zweite haben wir dann einfach mehr gestreichelt und massiert. Auch das tat uns beiden gut."

Ein spielerischer, betont leichter Umgang mit dem noch ungeborenen Kind ist besonders dann zu empfehlen, wenn wir sonst zu viel mit dem Kopf steuern wollen. Es einfach auf die Situation ankommen lassen und das Kind so zu nehmen, wie es ist, ist auch eine gute Vorübung auf die Situation nach der Geburt. Eine gewisse Leichtigkeit im Umgang mit dem Kind bewahrt vielleicht auch vor einer zu großen Abhängigkeit vom medizinischen Überprüfungssystem. Wenn eine Mutter ihr Kind schon „kennt" und mit ihm gespielt hat, kann sie Vertrauen zum Kind entwickeln. Dann ist sie nicht mehr so abhängig von der Expertenmeinung und kann auch in extremen Situationen vielleicht gelassener reagieren. Die folgende Begebenheit, die mir die Hebamme erzählte, die dabei war, ist sicherlich außergewöhnlich und auch von der Persönlichkeit der Gebärenden abhängig. Auch möchte ich hiermit keineswegs ein medizinisches Exempel setzen oder zur Nachahmung anregen, ich möchte nur andeuten, was *möglich* ist, wenn Mutter und Kind aufeinander eingestimmt sind.

„Eine Frau kam mit geplatzter Fruchtblase zu uns ins Krankenhaus, und die Geburt entwickelte sich rasch und komplikationslos. Das Kind lag in Steißlage, aber weder die Mutter noch wir hatten Bedenken gegen eine natürliche Geburt. Bei einer Presswehe kam allerdings auf einmal ein Füßchen heraus. Auch die Mutter wusste, dass diese Geburtsstellung nicht optimal war. Ehe ich noch etwas unternehmen konnte, hatte die Frau schon den Fuß ihres Kindes ergriffen und steckte ihn kurzerhand wieder zurück mit den Worten: ‚So, das machst du noch mal richtig. Das kannst du besser, das weiß ich.‘ Und so war es auch. Das Kind kam dann ganz ‚brav‘ mit dem Po zuerst.“

Musik verbindet Körper, Geist und Seele

Die Wirkungen von Musik auf das noch Ungeborene, aber auch auf Frühgeborene und Neugeborene können gar nicht hoch genug eingeschätzt werden. Auf vielen Frühgeborenen-Intensivstationen wird inzwischen Musik eingesetzt, um die kleinen Menschlein zu entspannen. Aber nicht nur das. Es zeigte sich, dass die Musik auch Einflüsse auf das Gedeihen der Kinder hatte. Sie nahmen schneller zu und sie hatten während ihrer „Musikstunden“ weniger Atemaussetzer und regelmäßigere Herztöne. Dr. med. Marina Marcovich war eine der ersten in Europa, die Musik bewusst therapeutisch in der Frühgeborenenpflege einsetzte:

„Wir hatten an den Inkubatoren kleine Tonband-Geräte (‚Walkman‘) installiert und spielten den Kindern über kleine Lautsprecher Kassetten vor. Wir besaßen eine Kassette von Ruth Ryce (jener Amerikanerin, die die so genannte RISS-Methode – Ryce Infant Stimulating System – entwickelt hat). Auf dieser Kassette waren intrauterine Geräusche wie z. B. der mütterliche Herzschlag oder das ‚Summen‘ des Fruchtwassers zu hören, daneben auch bestimmte Musikstücke. (…) Musik hat eine entspannende, beruhigende oder auch stimulierende Wirkung; wir versuchten das bei den Kindern durch Auswahl der entsprechenden Musik zu nutzen. Unruhige kleine Mäuse, die im Inkubator herumwetzten, bekamen Mozart oder einen langsamen English-Waltz zur Beruhigung vorgespielt, Faule, die laufend Atempausen einlegten, wurden mit einem flotten Rock'n Roll angetrieben. Manchmal ging plötzlich ein Alarm am Herzmonitor! Was war geschehen? Die hineilende Schwester fand, dass die Kassette zu Ende war. Sie wurde gewendet, neu gestartet, und schon war alles beim Kind wieder stabil. Ein besonders cleverer kleiner Bursche alarmierte immer schon, kurz bevor die Kassette zu Ende war, der kannte sein Programm offenbar auswendig."[54]

Wohlgemerkt, hier ist die Rede von frühgeborenen Kindern. Sie haben den schützenden Körper der Mutter Wochen, ja sogar Monate zu früh verlassen, teilweise schon im sechsten Schwangerschaftsmonat. Im „Normalzustand" wären sie noch immer im Bauch der Mutter, jetzt müssen sie ohne Mutter auskommen. Von diesen kleinen Überlebenskünstlern können wir allerdings viel über die Fähigkeiten Ungeborener lernen. Denn warum sollte ein Kind, das noch bei der Mutter ist, weniger „können", als ein Kind, das den Weg nach draußen schon angetreten hat? Es könnte daraus also geschlossen werden, dass Musik auch auf Ungeborene einen ähnlichen Einfluss hat, wie wir ihn bei Frühgeborenen deutlich beobachten können.

Berichte von Müttern, die bemerkten, dass ihre unruhigen, quengligen Babys besonders gut zu beruhigen waren, wenn ihnen Musikstücke vorgespielt wurden, die sie aus der Zeit vor der Geburt „kannten", zeigen in dieselbe Richtung. Ein anekdotischer Fall von Musik-Wiedererkennung ist von dem amerikanischen Kinderprimärtherapeuten Emerson überliefert. Ludwig Janus beschreibt den Fall: „Während der Schwangerschaft hörte die Mutter öfter eine Schallplatte mit den ‚Gesängen' von Walen, die eine sehr charakteristische Melodik hatten. Die Schallplatte wurde nach der Geburt nicht mehr gespielt. Als das Kind einmal im Alter von zwei Jahren mit einem überlangen Telefonieren des Vaters unzufrieden war, begann es, um Aufmerksamkeit zu erregen, plötzlich die Melodien dieser ‚Gesänge' der Wale zu reproduzieren. Man kann sich das Erstaunen und die Erschütterung des Vaters lebhaft vorstellen."[55]

Das Ungeborene nimmt Musik nicht nur über das Ohr wahr, sondern es ist auch (aufgrund seines frühzeitig ausgebildeten Gleichgewichtsorgans) fähig, alle Bewegungen und Lageveränderungen im Zusammenhang mit Schallerlebnissen wahrzunehmen. Es registriert deshalb das Atmen, Sprechen, Singen und Laufen seiner Mutter nicht nur akustisch, sondern auch gleichzeitig über die damit verbundenen Bewegungen. Auf diese Weise werden Wahrnehmungsmuster ausgebildet, die gleichzeitig über zwei Sinnesmodalitäten kodiert sind. Martin Gellrich ist deshalb davon überzeugt, dass Musik, die das Ohr und das Gleichgewichtsorgan stimuliert, nachhaltiger auf die Musikalitätsentwicklung wirkt als Musik, die nur gehört wird: „Ein bloßes Musikhören seitens der Mutter, bei dem ihr Körper nicht mitreagiert, oder ein unbewusstes Aufnehmen von Hintergrundmusik hat sicherlich keine so bedeutende Auswirkung auf die musikalische Prägung des Fetus. Dagegen wird sein Musikalitätsempfinden um so mehr sensibilisiert, je mehr und ausdrucksvoller die Mutter während der Schwangerschaft singt, je prägnanter und melodiöser sie spricht, je rhythmischer und ‚musikalischer' sie läuft und sich bewegt, je mehr sie unter aktiver Beteiligung von Körperbewegungen Musik hört, je mehr sie tanzt und je mehr und ausdrucksvoller sie ein Musikinstrument spielt."[56]

Live-Musik – besonders wenn die Mutter selbst ein Instrument spielt – hat aus diesem Grund den größten Einfluss auf das Ungeborene. Es spielt aber auch eine Rolle, welche Musikinstrumente die Mutter spielt. Nach Gellrich wirken Instrumente wie Geige, Gitarre und Cello besonders stark auf das Gleichgewichtsorgan des Ungeborenen, da sie mit direktem Körperkontakt gespielt werden und die Resonanz durch unmittelbaren Körperkontakt entweder direkt in den Bauch oder durch einen Knochen (das Schlüssel- oder Brustbein) übertragen wird. Demgegenüber hat das Spielen von Blasinstrumenten den Effekt, dass das Ungeborene hautnah die Spannung miterlebt, die beim Einatmen, beim Singen oder Blasen entsteht. Beim Einatmen wird der Raum kleiner, beim Ausatmen erhält es wieder mehr Raum.

Es kann also während der Schwangerschaft nur empfohlen werden, viel zu singen. Wer sonst wenig singt, muss vielleicht erst eine kleine Hemmschwelle überwinden. Erste Stimmübungen unter der Dusche oder in der Badewanne – den klassischen Orten der Hobbymusik also – lassen verrostete Stimmen wieder hell und rein erklingen. Lassen Sie sich anstecken von munterer Radiomusik. Singen Sie Ihre Lieblingslieder mit, es hebt auch Ihre Stimmung. Auch das Singen gemeinsam mit dem Partner ist eine schöne Möglichkeit, dem Kind zu signalisieren: „Wir freuen uns auf dich." Wem das alles zu altbacken klingt, der kann es auch mit einem modernen Chorensemble versuchen. Es gibt inzwischen für jeden Musikgeschmack den passenden Chor. Und gerade das Singen in der Gemeinschaft erfüllt die unterschiedlichsten Bedürfnisse. Der berühmte französische Geburtshelfer Michel Odent pflegte in die Geburtsvorbereitung auch das gemeinsame Singen in der Klinik einzubeziehen. Er war sich sicher, dass sich Frauen an einem Ort, den sie durch gemeinsames Singen kennen gelernt haben, wohler fühlen und demnach auch einfacher gebären. Sein Plädoyer fürs Singen klingt sehr einleuchtend: „Singen kann als Atemübung angesehen werden, aber auch – in einem anderen Zusammenhang – als grundlegendes menschliches Bedürfnis, das in unserem Zeitalter der beruflichen Sänger, der Medien und der verfeinerten Tonbandaufzeichnungsmethoden nur noch schwer zu erfüllen ist. Man kann das Singen auch aus dem Blickwinkel des Fetus sehen, dessen frühreifer Vibrations-Sinn nach Stimulation verlangt. Um nicht zu vergessen, wie beliebt das Singen in Gruppen ist, brauchen wir uns nur einmal daran erinnern, dass der Mensch ein Herdentier ist und dass die sozialen Bedürfnisse schwangerer Frauen und junger Mütter in unserer Gesellschaft immer zum falschen Zeitpunkt befriedigt werden.“[57]

Musik spricht Körper-Seele-Geist immer als Einheit an. Die Bauelemente der Musik, also Dynamik, Rhythmus, Melodie, Klang und Form haben auf das Ungeborene eine prägende Wirkung, darüber sind sich Wissenschaftler der unterschiedlichsten Fachrichtungen inzwischen einig. Auch Musiktherapeuten berufen sich auf diesen Zusammenhang, wenn es darum geht, die heilende Wirkung von Musik zu erklären. Das Ungeborene hört den Herzschlag der Mutter circa 26 Millionen Mal und erlebt diesen Rhythmus als sichernd und beschützend, wie Prof. Hans-Helmut Decker-Voigt, Direktor des Instituts für Musiktherapie der Hochschule für Musik und Theater in Hamburg, ausführt: „Ein Leben lang wird er (der Herzrhythmus, Anm. d. Autorin) uns als einer der bedeutendsten Bestandteile der Musik anziehen, weil er für eine buchstäblich ursprüngliche Sicherheit und verlässliche Wiederkehr steht... Unsere ersten Lautgeräusche und Lallgesänge, diese frühen Verständigungsversuche, nutzen die Bauelemente der Musik... Aus der Summe dieser Eindrücke und Interaktionen entsteht etwas, das die Zeit der ersten ‚Musik der Außenwelt‘ genannt werden kann, nach der langen Zeit der ‚Musik der Innenwelt‘ im Mutterleib.

Unsere frühesten sozialen Erfahrungen gehen also Hand in Hand mit Musik, werden durch diese erst ermöglicht. ‚Hand in Hand' meint hier: Berührung. Unsere frühe Erdenzeit außerhalb des Uterus vor dem Spracherwerb ist ein Leben lang an die tiefsten Erinnerungen an Berührung und Klang gekoppelt. Von daher werden wir auch ein Leben lang an die Frühprägungen unseres Daseins erinnert, wenn wir entsprechende Klänge hören und sie wirklich ‚an uns heran lassen'."[58]

Prof. Decker-Voigt empfiehlt Schwangeren Atemübungen mit Tönen zu verbinden, beim Spazierengehen oder einfach zu Hause. Er schlägt vor beim Ausatmen Töne wie „a – o – u – m – mo – moa – mu – me – e" lang zu ziehen, mit den Vokalen und Konsonanten zu spielen, denn sie alle haben eine Wirkung auf das Kind.[59]

Die Schweizer Musiktherapeutin Monika Renz erlebt in ihrer Arbeit immer wieder die engen Zusammenhänge von Musik und pränatalem Dasein. Musik ist für sie ein Medium, das zwischen dem körperlichen-sinnlichen Dasein im Hier und Jetzt und einer Wahrnehmungsweise ganz anderer Art vermittelt: „Sie kann in Trance versetzen, wenn auch nicht so zwingend wie Medikamente oder Drogen. Viele naive Völker wissen um diese Eigenschaft der Musik, weshalb Musik in ihren Heilungsritualen eine entscheidende – und auffallenderweise in verschiedenen Religionen und Kontinenten ähnliche Bedeutung einnimmt. Sie führt Kranke und Heiler in einen anderen Bewusstseinszustand hinein und später wieder ins Alltagsbewusstsein zurück. Dazwischen geschieht, ohne Musik, das Unfassbare. Bringt man diese beiden archaischen Bedeutungen der Musik – Muttersprache und Medium an der Grenze – zusammen, so drängt sich die Vermutung auf, dass sich das Kind im Mutterleib auch in einer Art Grenzzustand befindet. Erleben Ungeborene und Säuglinge – außerhalb dessen, was bis heute wissenschaftlich erforschbar ist – so etwas wie einen Übergang von einem anderen Bewusstseinszustand ins Hier und Jetzt? Erfahrungen aus der Musiktherapie legen diese Annahme nahe."[60]

Mit Musik können sich Mutter und Kind bewusst und unbewusst näher kommen. Mit Musik hat die Mutter eventuell auch die Möglichkeit, sich an ihre eigene Zeit vor der Geburt zu erinnern und so der Lebenswelt ihres Kindes näher zu kommen. Dies ist insbesondere möglich durch eine neue Methode, in der die Mutter in stark salzhaltigem Wasser auf dem Rücken ausgestreckt schwebt, mit den Ohren unter Wasser, und spezielle „Unterwassermusik" hört. Musik, unter

Wasser gehört, wird völlig anders erlebt als „auf dem Trockenen". Es ist, als sei man unmittelbar davon erfasst, als sei die Musik mitten in einem. Dr. Gesine Huth, die seit Jahren dieses Phänomen erforscht, erklärt, weshalb das so ist:

„Dieses Erleben hat zu tun mit der anderen Art der Schallübertragung auf das Innenohr. Die Schallwellen, die im Wasser vier Mal schneller zu unserem Körper gelangen, versetzen unsere Knochen – insbesondere die Knochen des Schädels – in Schwingungen und diese übertragen sich dann direkt auf die Gehörknöchelchen ohne den Umweg über unser Trommelfell. Bei dieser Art des Hörens unter Wasser können wir nicht orten, woher die Klänge genau kommen. Wir können also auch nicht Stereo hören. Durch diese Schallübertragung mittels Knochenleitung erleben wir die Klänge anders – eben wie damals zu Beginn unseres Menschwerdens, als wir im Leib unserer Mutter erste Hörerfahrungen machten."[61]

Im Element Wasser: der Gefühlswelt und dem Baby ganz nahe

„Im Wasser lässt man die Hüllen fallen. Im wahrsten Sinne des Wortes. Wer mit ‚Make-up' ins Wasser geht, kommt ohne wieder heraus. Wasser wäscht die Fassade ab, die wir uns – häufig in jahrelanger Arbeit – an Land zugelegt haben. An Land können wir unsere Emotionen besser verstecken, das ist im Wasser kaum möglich, Wasser macht ehrlich. Wasser und Emotionen gehören zusammen." Das sagt die Körper- und Psychotherapeutin (Hp) Sabine Daewoed Neumann, die seit Jahren Geburtsvorbereitungskurse im Wasser anbietet. Musik, Wasser und Körperarbeit in der Synthese bieten eine gelungene Voraussetzung, um mit Gefühlen und Intuition in Kontakt zu kommen. Gerade in der Schwangerschaft erleichtert das Medium Wasser den emotionalen Zugang zum Kind. Von warmem Wasser (zwischen 33 und 35 Grad Celsius) umgeben, der Schwerkraft leicht enthoben, schwebt die Mutter im selben Element wie das Kind in ihrem Bauch.

Dr. Gesine Huth hat in ihrer dritten Schwangerschaft Erfahrungen im Wasser mit Liquid Sound gemacht, die sie nicht missen möchte:

„Jedes Mal, wenn ich mit meinem immer dicker werdenden Bauch ins Wasser gestiegen bin, habe ich die Abwesenheit der Schwerkraft und damit die Befreiung von allem, was eine Schwangerschaft in fortgeschrittenem Stadium manchmal beschwerlich macht, sehr genossen. Ich konnte dann ganz allein sein, mit dem kleinen wachsenden Menschlein in meinem Inneren, ungestört von allen Äußerlichkeiten. Ich hatte das Gefühl, dass ich viel näher bei dem kleinen Wesen war und dass ich mich leicht auf seinen sich entwickelnden Geist einstellen konnte. Es war, als schwebten wir beide im Element der Vorzeit, in dem auch mein Leben einmal begonnen hat, ja in dem letztlich alles Leben auf dieser Erde einmal begann. Der Embryo in meinem Bauch bewegte sich, während ich im Wasser schwebte und zunehmend meinen Körper vergaß. Wir waren nur noch zwei Wesen, eng verbunden durch die pulsierende Nabelschnur, die ich im Wasser weniger auf der materiellen als auf der geistig-gefühlsmäßigen erlebte. Oft lag ich im Wasser und fragte mich, wie es wohl für den kleinen Mann wäre, wenn eben auch die Klänge noch durchs Wasser auf meinen Bauch, meinen ganzen Körper auf sein Fruchtwasser einwirkten. Während sich seine kleinen Ohren entwickelten, nahm er ja Klänge und Geräusche ohnehin durchs Wasser, nämlich sein Fruchtwasser, wahr und hörte also wie ich auch, wenn ich im Liquid Sound liege, nämlich über Knochenleitung. Vielleicht werde ich ihn später einmal fragen können und vielleicht wird er sich irgendwie erinnern an diese vermutlich sehr glücklichen Momente seines frischen Lebens. Wenn wir so mit Musik im Liquid Sound liegen, habe ich immer das Gefühl gehabt, dass es bei meinem Sohn Phasen gab, in denen er ganz besonders andächtig zuhörte. Machte die Musik eine Pause, bewegte er sich im Bauch, wie ein Zuhörer eines Konzertes in der Pause zwischen zwei Sätzen. Geschlafen hat er selten, wenn wir im Wasser waren, zumindest war das mein Eindruck. Bestimmt fand er diese Zeiten viel zu aufregend, als dass er sie verschlafen wollte…"

Im Wasser passiert es auch sehr häufig, dass sich Schwangere spontan und ohne vorhergehende Intention an ihre eigene Schwangerschaft – im Bauch ihrer Mutter – zurückerinnern. Diese Erinnerung kann voller Wonnen sein und kann die Identifikation mit dem Kind im Bauch immens erleichtern. Die Mutter fühlt die Weichheit und Nachgiebigkeit des Wassers, sie kann in ihren Bewegungen ein wenig die Freiheit des Ungeborenen nachempfinden. Die Frage: „Wie geht es meinem Kind?“, kann sie sich danach sehr viel leichter beantworten. Es gibt aber auch Situationen, in denen auch nicht so angenehme Gefühle und Erinnerungen hochgeschwemmt werden. Da in den meisten Fällen die Schwangeren gemeinsam mit ihrem Partner im Wasser sind, haben sie sofort jemanden zur Seite, der ihnen in dieser Situation beistehen kann. Wenn das Paar damit allerdings nicht klar kommt oder die Verletzungen größer sind, schaltet sich Sabine Neumann in ihren Geburtsvorbereitungskursen mit ein: „Was dann häufig fehlt, ist das weibliche, ja mütterliche Element. Nicht immer bedarf es vieler Worte, sondern viele Dinge können im Wasser auf einer Symbolebene verstanden und geheilt werden. Die Ängste und Konflikte, die in dieser Situation hochkommen können, sind natürlich auch auf dem Land vorhanden, können dort aber besser unterdrückt werden. Oft ist es auch die Auseinandersetzung mit der eigenen Mutterbeziehung und dem Aspekt des ‚Mutterseins – Tochterseins‘ allgemein, die im Wasser nochmals ganz aktuell wird. In Grenzsituationen, wie beispielsweise während der Geburt, kann es geschehen, dass diese alten, oft unbewussten Ängste (die mit pränatalen oder perinatalen Ereignissen im Zusammenhang stehen können) wieder an die Oberfläche kommen und den Geburtsvorgang belasten. Deshalb ist es günstig, wenn diese Ängste und Blockaden sich schon vorher zeigen und im Wasser gelöst oder gemildert werden können.“ Ein weiterer Hinweis auf eine in irgendeiner Weise belastete (Eigen-)Geburtserfahrung ist die Unfähigkeit zu tauchen (abzutauchen, wie es in der „Wassersprache“ heißt). Sabine Neumann macht natürlich auch – wie bei Geburtsvorbereitungskursen im Wasser üblich – Tauchübungen. Eine davon ist zum Beispiel durch einen Tunnel von gespreizten Beinen durchzutauchen. Die Assoziation zum Geburtskanal muss dabei gar nicht erst angesprochen werden, sie kommt von ganz allein. So tauchte einmal ein Vater (Väter machen diese Übung auch mit) an den Beinen vorbei, nicht hindurch. Hinterher sagte er, dass er per Kaiserschnitt zur Welt gekommen sei und es ihm innerlich einfach unmöglich gewesen sei, „durch den Geburtskanal“ zu tauchen, da er damit keine Erfahrung hätte. Diese Hemmschwelle macht sich bei Frauen natürlich während der Geburt ihres Kindes auch oft bemerkbar. Es ist allerdings ein Faktor, der im „Normalfall“ in der Klinik nicht erkannt oder nicht richtig eingeschätzt wird. Leider enden viele dieser Fälle mit der Diagnose „verzögerte Geburt“ oder „Geburtsstillstand“ (eine der häufigsten Indikationen zum Notkaiserschnitt, die sich medizinisch oft nicht weiter erklären lassen). Im Wasser bietet sich der Frau die Möglichkeit, „die Geburtsspirale zu vollenden“, wie es Sabine Neumann nennt. Durch gezielte Dreh- und Wendeübungen kann die Mutter diese Erfahrung nachholen. Das Schöne dabei ist: Das Kind wird gleichzeitig auf die Geburt vorbereitet und „lernt“ die im Geburtskanal notwendige Drehung gleich mit.

Die Notwendigkeit prä- oder perinatal erfahrene Störungen zu heilen und zu lösen, ist im Hinblick auf die immer mehr steigenden geburtshilflichen Eingriffe, bei denen immer weniger Frauen den Geburtsvorgang tatsächlich aktiv (dem Kind helfend) steuern können, sehr akut. Wasser kann hier reinigend und heilend wirken. Nicht umsonst finden wir in fast allen Religionen bestimmte Rituale mit (oder im) Wasser, die der Reinigung oder aber als Initiation zur Aufnahme in eine Gemeinschaft dienen. Die Taufe ist dafür nur ein Beispiel – wenn auch das bekannteste – von vielen anderen.

Lassen wir uns im Wasser tragen, haben auch wir „verkopften“, rational denkenden Menschen eine Chance, an unsere verborgene Instinktebenen wieder heranzukommen. Dies ist natürlich auch durch andere Zugänge möglich, siehe dazu den Beitrag im Kapitel „Haptonomie“.

Diese Heilung der eigenen Geburtserfahrung ist allerdings nicht nur für Schwangere sinnvoll, es ist geradezu notwendig für all diejenigen, die in der Geburtshilfe tätig sind. Die Soziologin und Autorin Marianne Krüll ist überzeugt davon, dass eine Klärung der eigenen Geburtserfahrung für Geburtshilfepersonal zur Ausbildung gehören müsste. So schreibt sie in der Zeitschrift „ab 40“:

„Ich meine, man müsste allen GeburtshelferInnen vorschreiben, im Verlauf ihrer Ausbildung eine Rückführung in ihre eigene pränatale Zeit und ihre Geburt zu machen. Gerade weil sie unter einer Geburt ihre eigene Geburt als Körpererfahrung wiedererleben, also körperlich miterleben, was Mutter und Kind unter ihren Händen erfahren, ist ein Wissen um ihre eigene Geburt für GeburtshelferInnen extrem bedeutsam. Wenn das eigene Geburtserlebnis – insbesondere wenn es traumatisch war – in der Verdrängung bleiben muss, ist dies zum Schaden für Mutter und Kind. Das trifft in besonderer Weise die männlichen Geburtshelfer, die es noch schwerer haben, weil sie eine Geburt mit dem Körper eines Mannes, der nicht selbst gebären kann, miterleben. Sie müssen sehr viel intensivere Anstrengungen machen, um sich in den Bauch ihrer Mutter zurückversetzen zu können – denn darum geht es ja bei einer Geburts-Regression."[62]

Im Wasser begegnen sich auch die Paare auf einer ganz neuen Beziehungsebene und haben die Möglichkeit, sich über die anstehende Neudefinition der Beziehung – vom Paar zum Elternpaar – klar zu werden. Diese Transformation ist eine tief greifende Veränderung im gegenseitigen Verhältnis. Deshalb stellt Sabine Neumann die Paarbeziehung ganz bewusst mit in den Vordergrund: „Väter übernehmen ab jetzt nicht nur im Wasser eine ‚tragende' Rolle, indem sie ganz konkret ihre Partnerin im Wasser halten und unterstützen, sondern dies trifft auf den gesamten Verlauf der Schwangerschaft zu. Der Vater hat die Aufgabe, seine Frau und das gemeinsame Kind zu schützen und zu tragen. Das beinhaltet eine große Verantwortung und diese Aufgabe wird im Wasser, durch die geschärfte intuitive Wahrnehmung auch der Symbolik, ganz deutlich gespürt. Vor diesem Wissen, das manche Väter an Land durchaus auch mal meiden, können sie im Wasser nicht fortlaufen. Das kann durchaus Konflikte hochschwemmen, die zwar schon immer grundsätzlich da waren, aber erst im Wasser wird oftmals die Notwendigkeit erkannt, sich damit auch wirklich auseinanderzusetzen." Väter spielen in der Tat eine große Rolle, wie eine Frau ihre Schwangerschaft erlebt. Fühlen sie die uneingeschränkte Unterstützung durch den Partner, können sie auch selbst viel glücklicher und entspannter mit der Situation umgehen. Weiß hingegen eine Schwangere, dass ihr Partner – der Vater des Kindes – sich gegen seine neue Aufgabe (was vom Wort her schon etwas mit aufgeben – Bekanntes aufgeben, um Neues erleben zu können – zu tun hat) sträubt und diese nur notgedrungen mitträgt (oder auch nur erträgt oder im Extremfall sogar ablehnt), wundert es wenig, wenn die werdende Mutter sich unwohl fühlt (das kann sich durchaus auch in körperlichen Symptomen niederschlagen), sich Sorgen um die Zukunft macht und ihre Vorfreude gering ist. In diesem Fall kann auch die Kommunikation mit dem Kind schwieriger sein. Diese Konfliktsituation, die häufig unausgesprochen vor sich „hinschwelt" und so eine Beziehung und eine Schwangerschaft „vergiften" kann, wird im Wasser überdeutlich. Die Erkenntnis der Situation gibt aber allen Beteiligten auch die Möglichkeit, sich aktiv damit auseinanderzusetzen und notwendige Veränderungen im Verhalten einzuleiten.

Ein sehr befreiendes Erlebnis kann das Singen im Wasser sein, das Sabine Neumann bewusst mit einsetzt. Im Wasser wird die Stimme der Mutter auch für das Kind erfahrbarer, ja spürbarer. Singen verbindet. Partnerin und Partner empfinden diese gemeinsame Form der Nähe als äußerst angenehm und bereichernd.

Die Stimme klingt im Wasser viel kräftiger, was vielleicht mit ein Grund dafür ist, dass Singen unter der Dusche oder in der Badewanne so beliebt ist. Das Wasser verstärkt die Resonanz. Wenn wir selbst Töne im Wasser machen, dann vibriert der gesamte Körper mit und man hat das Gefühl, dass die Musik im Innern ist und aus dem Innern kommt. Wir können also innerste Gefühle in Töne umsetzen. Aber auch umgekehrt bleibt das Singen von einzelnen Tönen nicht ohne Wirkung. Durch das Singen der fünf Vokale a, e, i, o, u (die symbolisch auch als Repräsentanten der fünf Elemente verstanden werden können) können wir uns harmonisieren und eine innere Balance anstreben. Schon Frederick Leboyer betonte die Wichtigkeit des Singens für die Schwangere auch unter der Geburt. Atmen und Singen ist für Leboyer eins. Durch das Singen wird gelernt, sich den Atem einzuteilen, das heißt, sich eine Struktur zu schaffen, an der sich die Frau während der Geburt festhalten kann. Gleichzeitig hat sie aber einen Rahmen, der individuell abgeändert und der jeweiligen Situation angepasst werden kann. Es macht demnach viel Sinn, während der Wehen zu singen. Jede Phase der Geburt korrespondiert mit einem bestimmten Vokal. Das A beispielsweise kann in der Eröffnungsphase hilfreich sein. Es öffnet, gibt Raum, macht Platz, lässt zu. Das U unterstützt das Fließenlassen und ist in der Endphase der Geburt angebracht. Diese kurze Ausführung kann nur anreißen, was im Detail noch viele einmalige Möglichkeiten bietet. Gemeinsam mit einer Geburtsvorbereiterin oder einer Hebamme, die sich in diesem Gebiet weitergebildet hat, können die Schwangerschaft und Geburt auch dazu beitragen, einen Schritt zu größeren Bewusstseinsinhalten zu machen.

All die positiven Auswirkungen, die das Wasser auf Schwangere hat, sind natürlich auch von der Geburt bekannt. Die Wassergeburt bekommt auch in Deutschland immer mehr Freunde und nach und nach entscheiden sich immer mehr Krankenhäuser dazu. Michel Odent betont die Anziehungskraft, die Wasser auf schwangere und gebärende Frauen hat. Allein der Anblick fließenden Wassers oder das Geräusch von Wasser können entspannend wirken und zum Wohlergehen beitragen.

Wasser ist – das sollten wir nicht vergessen – ein zutiefst weibliches Element. Kein Wunder, wenn sich Frauen gerade bei der Geburt, einem zutiefst weiblichen Akt, im Wasser wie in „ihrem Element" fühlen. Dies, so Odent, ist umso bedeutender in einer Klinikumgebung, die durch technische Vorrichtungen einen sehr maskulinen Eindruck macht. Im Wasser werden verstärkt Hormone freigesetzt, die unsere Instinkte fördern und das rationale Denken, das bei der Geburt hinderlich ist, vermindern. Alle Einflüsse, die unser intellektuelles Vermögen anregen und unsere „neueren" Gehirnstrukturen, den Neocortex, in Gang setzen, sollten bei einer Geburt vermieden werden. Unser altes „Säugergehirn" mit seinem instinkten Verhalten wird am besten in einer Geburtsumgebung angeregt und wiederbelebt, die dunkel, gemütlich und entspannend ist. Wasser erfüllt diese Erfordernisse aufs beste. Es hat noch einen weiteren, wichtigen Vorteil. Es bildet eine Art Schutzraum, eine Privatsphäre, für die Gebärende, die erheblich mit dazu beiträgt, dass sie sich ihren Instinkten hingeben kann.

Wenn wir uns hingegen unsere Kreißsäle anschauen, so ist trotz vielfältiger Bemühungen, sie gemütlicher und heimeliger zu machen, die Technik trotz allem nie zu übersehen. Allein die Situation, in der eine Frau permanent an einen Wehenschreiber angeschlossen bleibt und ihr innerster Rhythmus von einem Gerät überprüft wird, immer gemessen an irgendwelchen „Normalkurven", macht deutlich, wie wenig die Gebärende eine Chance hat, sich im Vertrauen auf sich selbst und ihr Kind einzustellen. Es dauert nicht lange und der Wehenschreiber wird als der dominierende Taktgeber erlebt und entfremdet einen zutiefst intimen und individuellen weiblichen Ablauf.

Ein Grund, weshalb Wassergeburten vielen Geburtshelfern noch immer als suspekt erscheinen, ist die Tatsache, dass die Kontrolle unter Wasser nur bedingt möglich ist, die Frau also nicht zu kontrollieren ist. Aus Sicht einer instinktiv geleiteten Geburt ist dies hingegen eher als Vorteil zu betrachten. Die Hebamme Silke Gieseler meint: „Geburt hat mit Vertrauen zu tun. Mit Vertrauen und Kontrolle ist es aber so: Entweder oder. Es gibt nicht nur ein wenig Vertrauen, es gibt genauso wenig ein wenig Kontrolle."

Eine kleine Einführung in die Haptonomie

Die Haptonomie ist eine wunderbare Art und Weise, mit seinem Kind im Bauch in Kontakt zu kommen. Allerdings: Haptonomie ist keine „Methode", keine „Technik" und kann eigentlich nicht mit Worten beschrieben werden. Man muss es erfahren. Das jedenfalls behauptet jemand, der es wissen muss. Der Gynäkologe Dr. med. Mehdi Djalali ist Mitglied des wissenschaftlichen Stabes der haptonomischen Gesellschaft (Centre International de Recherche et de Developpement de l'Hapotonomie), deren Repräsentant er für Deutschland ist. Für ihn ist Haptonomie eine psychotaktile, emotionale Daseinsbestärkung: „…Auch die Liebe kann man nicht erklären. Es gibt Milliarden von Büchern mit Um- und Beschreibungen, aber die Liebe und die Haptonomie ist etwas, was man tatsächlich nur erleben kann. Es ist nicht etwas, was überhaupt theoretisch erklärbar und vermittelbar (mitteilbar) ist. Die Haptonomie ist die Wissenschaft der Menschlichkeit. Der Begriff entstammt der Verbindung von dem klassisch griechischen Terminus *hapsis*, was soviel bedeutet wie berühren, tasten, spüren, fühlen; das Berühren (im Sinne von: den anderen innerlich bewegen, erreichen), die sinnliche Empfindung, der Tastsinn und das Taktgefühl bzw. Feingefühl, und dem Wort *nomos*, was soviel heißt wie Gesetz, Ordnung, Norm. *Hapto* (von dem Verb *haptein*) bedeutet: ich berühre, ich vereinige, ich stelle Beziehung her, ich mache mich jemandem verbunden und im übertragenen Sinn, ich stelle einen (taktilen) Kontakt her, um gesund zu machen, um den anderen in seiner Ganzheit zu heilen, um den anderen in seiner Existenz zu bestärken. (…) Das hat nichts mit Sympathie oder Antipathie zu tun, sondern es ist ein Akzeptieren, dass da ein Mensch neben mir ist. (…) So verhält es sich auch mit dem Kind im Mutterleib, wenn die Annäherung der Mutter oder des Vaters im haptonomischen Sinn über die Bauchdecke zu dem Kind gelangt, dann bewegt es sich an diese Stelle, weil es diese Annäherung als angenehm empfindet. Es kommt einfach in den Raum des anderen, das ist der Unterschied zu einer einfachen Berührung."[63]

Als ich Dr. Djalali zu einem Gespräch über seine Arbeit in seiner Praxis aufsuchte, hatte ich das Glück und das Privileg, die Wirkung einer haptonomen Annäherung zu sehen und zu fühlen. Es war ein Erlebnis, das mich zutiefst „berührt" und beeindruckt hat. Auch wenn

Worte dieses Erlebnis sicherlich nur ungenügend beschreiben können, weil Gefühle oftmals da anfangen, wo Worte aufhören, möchte ich den Versuch unternehmen, einen Eindruck dessen zu vermitteln. Was folgt, ist notgedrungen nur ein Ausschnitt aus der Vielfalt der Anwendungsmöglichkeiten der Haptonomie. Falsch wäre sicherlich auch der Schluss, dass das oberflächlich Sichtbare sich auch damit erschöpft. Das ist nicht der Fall. Das Ganze ist um ein Vielfaches komplexer. In der Haptonomie sind mehr und tiefere Ebenen angesprochen als das rein Beobachtbare. Davon später mehr. Um sich jedoch eine erste Vorstellung von Haptonomie machen zu können, was im Rahmen dieses Buches selbstverständlich nur bedingt möglich ist, kann eine Schilderung des *äußeren* Ablaufs hilfreich sein. Das, was *innerlich* passiert, entzieht sich der Beobachtung und der Schilderung und ist immer individuell geprägt. In diesem Zusammenhang möchte ich auch betonen, dass ich in meinen eigenen Schwangerschaften – leider! – keine Erfahrungen mit der Haptonomie gemacht habe. Alles, was mir deshalb hier möglich ist, ist die begrenzte Rolle einer Vermittlerin. Deshalb gebe ich auch, so weit es eben geht, den Worten derer Raum, die selbst Haptonomie erfahren haben bzw. praktizieren.

Doch nun zurück in die Praxis von Dr. Djalali und zu meiner Beobachtung einer haptischen Begegnung. Zunächst zum Sehen. Auf einem bequemen, breiten Bett lag Janina Ohm[64], schwanger im siebten Monat. Ihr Mann saß neben dem Bett auf einem Stuhl. Beide hatten soeben eine Haptonomie-Sitzung mit Dr. Djalali hinter sich. Sie waren einverstanden, dass ich zuschaute, wenn sie gemeinsam mit Dr. Djalali nochmals Kontakt mit ihrem Baby aufnahmen. Zunächst umfasste Dr. Djalali – seine Hände lagen je auf der rechten bzw. linken Bauchhälfte – den unbekleideten Bauch seiner Patientin. Janina legte ihre Hände auf die Hände von Dr. Djalali. Das Kind lag, deutlich zu sehen, in der linken Bauchhälfte. Der Bauch sah ganz schief aus. Dann „ging" Dr. Djalali auf das Kind von der rechten Bauchhälfte her zu. Er nannte es: „Wir laden das Baby ein." Kurz darauf nahm er die Hände etwas zurück, „gab dem Baby Raum", und da geschah es: Das Baby bewegte sich aus der linken Bauchhälfte in die rechte. Es war ganz plastisch zu sehen. Ich konnte es kaum glauben, wie schnell das Baby der Einladung nachgekommen war. Dasselbe wiederholte sich nochmals auf der anderen Bauchseite. Jetzt lag das Baby also wieder links. Und jetzt durfte ich es auch fühlen. Ich legte meine Hände rechts und links auf Janinas Bauch. Über meine Hände legte Dr. Djalali seine Hände, darüber Janina ihre. Der Bauch! So einen weichen schwangeren Leib habe ich noch nie gespürt! Ich habe viele schwangere Bäuche berührt. Wenn meine Freundinnen schwanger waren, habe ich zur Begrüßung immer liebevoll ihren Bauch gestreichelt. Aber dies hier war anders. Ganz anders! Die Bauchdecke fühlte sich durchlässig an. Anders kann ich es nicht beschreiben. Es war fast, als könne ich das Kind direkt anfassen. Ganz genau spürte ich seine Ärmchen und seinen kleinen Körper. Es war, als läge das Kind in meiner rechten Hand. So genau konnte ich selbst meine eigenen Kinder nicht in meinem Bauch *anfassen*. Jetzt begann Dr. Djalali meine linke Hand mit leichtem Druck in den Bauch zu führen (also auf der Seite, an der das Kind nicht lag). Der Bauch – unendlich weich – gab wunderbar nach. Er war, als könne ich mit der Hand in den Bauch greifen. Nach der zweiten „Einladung“ gaben wir dem Kind wieder Raum und es kam zu uns. Es legte sich in meine linke Hand. Ich konnte seine Bewegung genau verfolgen. Es löste sich ganz leicht von meiner rechten Hand und „wanderte“ zielstrebig in meine linke. Einfach so. Es war phänomenal. Ich, als völlig Fremde, fühlte mich diesem Kind sehr nahe und verbunden. Wie unendlich glücklich musste eine solche Begegnung Eltern und Kind machen! Besonders für Väter muss dies geradezu überwältigend sein, so nahe und direkt Anteil an der Schwangerschaft ihrer Frau nehmen zu können und ihr Kind tatsächlich „berühren“ zu können.

Für Janina, die während der gesamten Begegnung mit strahlenden Augen lächelte, ist das ganz „normal“. Sie kann sich Schwangerschaft gar nicht anders vorstellen. Auch bei ihrer ersten Schwangerschaft war sie bei Dr. Djalali: „Ich kenne mein Kind sehr genau. Ich weiß immer, wie es liegt. Ich kann jedes Körperteil fühlen.“ Und ihr Mann fügt hinzu: „Bei der Geburt unseres ersten Kindes hatten wir beide das Gefühl, wir begrüßen einen alten Bekannten. Von der ersten Sekunde an war diese Vertrautheit da.“ Janina ist immer mit ihrem Kind in diesem intensiven Kontakt. Ihr Mann, der beruflich sehr eingespannt ist, etwas seltener. Trotzdem fühlt er sich nie von der Schwangerschaft ausgeschlossen, so wie sich manchmal andere Männer fühlen.

Entwickelt wurde die Haptonomie von dem Niederländer Frans Veldman. Er erklärt die haptonome Kontaktaufnahme wie folgt:

„Die haptonome Annäherung verändert sichtbar und fühlbar den Tonus der Bauchdecke und des Dammes und bewirkt eine große Elastizität der Muskulatur, einen Tonus und eine Dehnbarkeit, die ohne alle Verspanntheit dem Kind Raum und Freiheit gibt. Die Spiel- und Affektivitätskontakte mit dem Kind werden dem jeweiligen Entwicklungsstadium entsprechend verändert, ausgedehnt und angepasst. In seinen Reaktionen zeigt das Kind ganz deutlich, ob es Spaß, Freude und Vergnügen oder im Gegenteil Unbehagen, Unmut und Widerstreben empfindet. Es macht seine Empfindungen der Mutter während dieser psychotaktilen, affektiven Begegnung spürbar, und dies ist deutlich sichtbar und fühlbar durch die Bauchdecke hindurch, wobei sich das Kind auf die Hände von Vater und Mutter zu bewegt. Aus dieser Begegnung heraus entwickelt sich ein Begegnungsspiel, das eine starke pränatale Bindung herstellt und so die Dauerhaftigkeit des affektiven, postnatalen Kontaktes vorbereitet.“[65]

Diese Nähe ist natürlich auch bei der Geburt unendlich wohltuend. Dr. Djalali: „Die haptonomische Geburtsbegleitung erzeugt durch eine Erhöhung der Belastungstoleranz eine enorme Schmerzunempfindlichkeit während der Geburtswehen, so dass die Mutter in der Lage ist, den intensiven Kontakt zu ihrem Kind auch unter der Geburt beizubehalten, um damit eine gewaltlosere bzw. ‚sanftere‘ Geburt zu ermöglichen.“ Die Mutter kann mit ihren Händen – zusätzlich zu ihrer inneren gedanklichen Verbindung zu ihrem Kind – ihm den Weg „nach unten“ weisen, und es auf seinem Weg begleiten. Das Kind, das seine Mutter kennt und ihr vertraut, folgt ihrer Einladung bereitwillig.

Auch Ludwig Janus betont die Vorteile einer haptonomisch begleiteten Geburtshilfe: „Die besondere Bedeutung der haptonomischen prä- und perinatalen Begleitung liegt darin, dass durch die hier erreichbare Tiefenentspannung und die Lockerung des Schambeinknorpels und der Kreuzbein-Beckenknochengelenke etwa zwei Zentimeter gewonnen werden können, der normalerweise ‚fehlende Zentimeter‘ (der durch die Entwicklung zum aufrechten Gang entstanden ist und deshalb menschliche Geburten so schwierig macht, Anm. d. Autorin) also mehr als ausgeglichen würde.“[66]

Schon während der Schwangerschaft verändert die haptonomische Begleitung das Verhältnis von Mutter und Kind. Dr. Djalali erzählte mir, wie unwichtig der Ultraschall für schwangere Frauen werden kann: „Wenn die Frauen die ersten Male zu mir kommen, wollen fast alle erst einmal einen Ultraschall machen. Sie glauben, dadurch, dass sie das Kind sehen können, würden sie ihm auch näher kommen. Was allerdings nicht stimmt, denn im Grunde entfernt der Ultraschall Mutter und Kind voneinander. Sie spüren sich nicht mehr direkt. Nach ein bis zwei Haptonomie-Sitzungen begreifen Frauen auf einmal, dass sie keinen Ultraschall brauchen. Sie *fühlen* und *wissen*, wie es ihrem Kind geht, sie *kennen* es. Durch die haptonomische Berührung ist das innere Band zwischen Mutter und Kind *begreifbar* geworden."

Entstanden ist die Haptonomie zunächst ohne einen direkten Bezug zur Schwangerschaft. Dr. Djalali über die Entstehungsgeschichte: „Die Haptonomie wurde durch Veldmans persönlichen Erfahrungen der menschenverachtenden Bedingungen im Zweiten Weltkrieg entwickelt. Er hat sich überlegt, wie können Menschen bei der Deportation, Haut an Haut, völlig fremde Menschen, völlig verschiedener Abstammung, völlig verschiedener sozialer Schichten, verschiedenerlei Geschlechts und Alters so nebeneinander bestehen. Sie haben sich ohne eine Aggression nicht nur gegenseitig ‚ertragen', sondern vor allem gegenseitig bestärkt. Dort entstand für Veldman die Idee zur Erkenntnis von der haptonomischen Phänomenalität. Wir sind ja heute Augen-und-Ohren-Menschen geworden, fast die gesamte Kommunikation des Menschen geschieht über diese beiden Sinnesorgane. Das ist oft die Schwierigkeit in der Haptonomie, gerade auch in der Ausbildung, dass es vielen Menschen Probleme bereitet, berührt zu werden. Das fängt schon damit an, dass wir unsere Kinder nicht wirklich berühren. Die Mutter *versorgt* das Kind, es wird angezogen, sauber gemacht, mit der Flasche ernährt und ‚abgelegt'. Ein paar Stunden später holt man es wieder aus seinem Bettchen, versorgt es wieder und legt es wieder hin. Das heißt, die Fähigkeit des Tastens, der unmittelbaren Kommunikation, wird nicht angeregt bzw. entwickelt."[67]

Gerade der Körperkontakt ist jedoch ein Grundbedürfnis des Menschen. Die Haut hat über eine Millionen Sinnesrezeptoren und ist damit das größte und intensivste unserer Sinnesorgane; die Rezeptoren der Haut vermitteln Empfindungen von Druck, Temperatur oder Schmerz, aber auch Wohlbefinden. Liebe, so sagt man, geht „unter die Haut" und durch sie hindurch. Der psychotaktile Kontakt, die Sprache ohne Worte, vermittelt die existenzielle Erfahrung des „Daseins" und der Seinsbestärkung.

Veldman unterscheidet die *rationale Existenzbestätigung* von der *affektiven Seinsbestärkung*.[68] Die rationale Existenzbestätigung wird vom Verstand gesteuert. Der Mensch wird in seiner konkreten Existenz im Zuge seiner körperlichen Anwesenheit, seiner funktionellen Wirklichkeit und seiner repräsentierenden Seinsart, wie Veldman es nennt, anerkannt. Das kann bedeuten, ein Mensch wird aufgrund seines Berufes, seiner Ausbildung, seiner Kleidung eingeschätzt und behandelt. Es handelt sich hierbei also um eine äußere Einschätzung, die notwendigerweise auch an der Außenfläche stecken bleiben muss.

Die affektive Seinsbestätigung übersteigert die rationale Existenzbestätigung, „indem sie das Wesen des Menschen, seine ‚essentia', d. h. sein persönliches ‚Gut-Sein', seinen Wert anspricht und bestätigt. Sie beschränkt sich dabei nicht darauf, den anderen in seinem Auftreten in bestimmten Funktionen anzuerkennen, sondern schätzt und bestärkt ihn in seiner Wesenheit und Eigenheit und unterstützt seine Authentizität."[69]

Nach Veldman fehlt es vielen zwischenmenschlichen Beziehungen in unserer Gesellschaft an gegenseitiger Zuneigung, Liebe oder Freundschaft, weil eine rationale Existenzbestätigung nicht ausreicht, um echte, vertrauensvolle, affektive Beziehungen und Kontakte herzustellen. Was fehlt, ist die Gefühlsebene. Veldman ist überzeugt, dass diese Kontakt- und Ausdruckmöglichkeiten in unserer Zivilisation unwirksam und unterdrückt werden von dem (unausgesprochenen) Verbot, Gefühlen Ausdruck zu geben. Der Intellekt beherrscht und unterdrückt Gefühlsregungen und deshalb fehlt uns weitestgehend die affektive Seinsbestätigung. Diese Grundstörung in unserer Gesellschaft hat auch in besonderem Maße Auswirkungen auf die pränatale Phase. Veldman ist davon überzeugt, dass eine einseitig rationale Steuerung des Verhaltens der Mutter in der Schwangerschaft unter Umständen die affektive pränatale Entfaltung von Frau und Kind behindern und blockieren kann, was wiederum Einfluss auf den Geburtsverlauf hat. Rationale Blockierungen, so Veldman, können durch verschiedene verstandesmäßige Einflussnahmen auf Schwangerschaft und Geburt verursacht werden: durch medizinisch-technische Behandlungsmethoden, aber auch sogar durch *rein rational* – und damit mechanisch – ausgeführte Haltungs-, Bewegungs-, Entspannungs- und Atemübungen.

Der Grundstock des affektiven Bewusstseins eines Menschen wird zu einem Großteil bereits im Mutterleib angelegt, wie Veldman betont: „Das im Mutterleib heranreifende menschliche Wesen reagiert anfangs – direkt nach der Konzeption – passiv auf die einwirkenden Einflüsse und Stimuli; hernach, aber schon sehr früh, nimmt es aktiv aufgrund von instinktiven, prälogischen Reaktionen teil. Mit diesem Reaktionsverhalten ‚lehrt' das Kind sich, auch durch Entfalten von Eigeninitiativen, aktiv an die sich ihm darstellende Welt anzupassen. Wenn es, weil es diese affektive Umwelt entbehren muss, während des symbiotischen Lebensabschnittes zu passiver Anpassung gezwungen ist, weil die so notwendigen affektiv-bestärkenden ‚Lehr-und Reifungsstimuli' nicht erfolgen oder zu wenig zielgerichtet sind, dann wird das Kind dieses instinktive, aktive Verhalten, je nach dem Ausmaß der Entbehrung, mehr oder weniger unterdrücken. Die damit verbundene Frustration ergibt dann ein negatives Engramm im affektiven Bewusstsein."[70]

Ganz anders, wenn das Kind von Anfang an als Persönlichkeit anerkannt und beachtet wird, wie es durch die haptonome Annäherung der Fall ist. Zum einen verändert dieses gemeinsame Erleben von Mutter und Vater die Paarbeziehung positiv. Veldman spricht von einer Vertiefung der Liebe und der Beziehung der Eltern zueinander. Dies sind die besten Voraussetzungen für die Geburt und den Empfang des Kindes, die man sich denken kann. Auf diese Weise kann sich das oft zitierte „Urvertrauen" entwickeln. Ein in seinem Dasein bestärktes und anerkanntes Kind wird die Welt mit „selbstbewussteren" Augen sehen können und ein Leben lang davon „profitieren". Veldman beschreibt das so:

„Aus all unseren Untersuchungen, Beobachtungen und Erfahrungen ergibt sich, dass affektiv-bestärkende, somato- und psycho-sensorische Kontaktstimuli einen starken Einfluss auf den Lern- und Reifungsprozess im Mutterschoß ausüben. Die psychotaktilen und psychohaptisch-akustischen Kontaktstimuli rufen ein deutlich feststellbares Antwortverhalten beim Kind hervor und hinterlassen auch intensive, vital bestärkende Eindrücke, die als positive Engramme in das affektive Bewusstsein eingraviert werden, was sich deutlich in der ersten postnatalen Lebensphase äußert. Ihr großer Einfluss auf die Selbstentfaltung ist augenscheinlich. Die haptonome prä-, peri- und postnatale Begleitung ermöglicht beiden Elternteilen, ihre affektive Kontaktfähigkeit zu entfalten und zu benutzen, mit dem Ziel, schon im pränatalen Stadium ein reziprok-affektiv-verstärkendes ‚Kontaktspiel‘ zu intensivieren und zu vertiefen. Unsere Beobachtungen bei Neugeborenen zeigen, dass das natürliche Bindungsverhalten (…) durch den pränatalen, haptonomen, affektiven Bestärkungskontakt in hohem Maße vorbereitet und angeregt wird und sich deshalb prompt und direkt bei der Geburt auf instinktsichere Weise entwickelt.“[71]

Welch besseren Empfang kann sich ein Neugeborenes wünschen? Doch auch für die Eltern wird so die Geburt zu einem ganz besonders einprägsamen Erlebnis, das von Anfang an die Eltern-Kind-Beziehung in die richtige Richtung weist. Eine haptonomisch begleitete Geburt kann gerade für Frauen eine große Chance zur Heilung bedeuten, wie Dr. Djalali erlebt hat: „Für mich wird die Schwangerschaft immer mehr auf einer völlig anderen Ebene wichtig. Ich erlebe immer wieder: Frauen, wenn sie ein bisschen sensibel sind und wenn sie mit der Schwangerschaft und mit ihren Kindern anders umgehen, dann kann dies eine Heilung sein. Es ist eine Abklärung dessen, was in ihrer ersten Zeit vor und nach ihrer eigenen Geburt abgelaufen ist. Wir Männer haben diese Möglichkeit so nicht.“[72]

Diese Erfahrung machte eine Therapeutin ganz konkret während der Geburt ihres Sohnes, die von Dr. Djalali und der Hebamme Helene Platen haptonomisch begleitet wurde. Sie erzählt davon in dem Buch „GEBURTsTage“, das von Heike Schwitzke zusammengestellt wurde: „In späteren Gesprächen mit Dr. Djalali brachte er mich auf den Gedanken, dass ich in diesen ‚harten fünf Stunden‘, wo ich aufgegeben hatte, meine eigene Geburt wiedererlebt bzw. innerlich ver/bearbeitet habe. Ich selbst kam durch Kaiserschnitt zur Welt und möglicherweise ist es (durch die unbewusste Erinnerung) schwerer, selber zu gebären, wenn man selbst nie ‚richtig‘ geboren wurde. Das Urvertrauen und die Sicherheit in den Prozess des Geborenwerdens kannte ich ja gar nicht in diesem Leben. Seit dieser Geburt habe ich eine völlig neue Beziehung zur Erde, zum Boden, zum wirklich ‚Hier-Sein‘ entwickelt. Seit ich David zwischen meinen Beinen herausgepresst habe, stehen meine Beine viel stabiler auf dem Boden und dies leitete den inneren Prozess des ‚Geerdetseins‘ für mich ein.“

Die Erfahrung, selbst geboren zu werden, haben immer mehr Frauen nicht mehr gemacht. Mehr und mehr Frauen kommen in die Situation, selbst zu gebären, ohne aktiv ihre eigene Geburt erlebt und betrieben zu haben. In den 60er Jahren begann die Steigerung der Kaiserschnittrate (von 9 Prozent 1960 auf 14 Prozent 1969). Inzwischen sind wir in Deutschland bei 23 Prozent angekommen (in Unikliniken sogar bei 28 Prozent!). Die Auswirkungen auf die Geburtskultur der Zukunft könnten verheerend sein. In den 60er Jahren weit verbreitet – ja direkt eine „Modeerscheinung“ – waren Zangengeburten. Auch dabei haben die Kinder, die heute als Mütter selbst gebären wollen, den Geburtskanal nicht aus eigener Kraft passiert. Auch ihnen fehlt das Erlebnis des Geborenwerdens. Auch aus diesem Grunde werden die künstlich beendeten Geburten in Zukunft noch weiterhin steigen. Die (Horror)Vision, dass in einigen Generationen Frauen das Gebären tatsächlich „verlernt“ haben könnten, beschwört schmerzhaft die Notwendigkeit, diesen fatalen Trend zu stoppen, noch besser: umzukehren.

In diesem Zusammenhang ist der Aspekt der Heilung, die durch eine haptonome Geburts- und Schwangerenbegleitung möglich ist, von ganz entscheidender Bedeutung.

Kapitel 3

Was kann (will) mir mein Kind mitteilen? Offenheit im Umgang mit dem Ungeborenen

Bislang stand mehr oder minder ausgeprägt die Mutter im Vordergrund der Betrachtungen, was sie fühlen kann, wie sie den Kontakt zu ihrem Kind suchen und finden kann. Was dabei bereits anklang, das sind die Möglichkeiten des Kindes, mit der Mutter in Kontakt zu treten. Hat eine Schwangere erst einmal eine intensive, intuitive Beziehung zu ihrem Kind aufgebaut, wird sie auch feinfühlig für die Botschaften ihres Kindes. Kommunikation, Dialog ist schließlich keine Einbahnstraße, sondern beinhaltet ein Geben und Nehmen, also ein Sprechen und Zuhören. Selbstverständlich wird die Kommunikation mit dem Ungeborenen nicht über Worte verlaufen können. Es sind eher Ahnungen und Gefühle, die einer Mutter sagen, was ihr Kind braucht und was es ihr mitteilen möchte. Diese Gefühle ernst zu nehmen ist ein wichtiger Schritt, um den Mutter-Kind-Dialog fruchtbar einsetzen zu können. So fragt beispielsweise Dr. Djalali bei einer sich verzögernden Geburt, wie die Mutter die Lage einschätzt und ob sie meint, dass es dem Kind gut gehe. „Eine Mutter fühlt, wie es ihrem Kind geht, auch wenn es ihrem Kind nicht gut geht", ist sich Djalali sicher. Er vertraut der Schwangeren und ihrem Kind und hat dadurch sicherlich viele Kaiserschnitte vermeiden können. Durch den Einsatz vielfältiger Überwachungsgeräte hingegen werden Mutter und Kind einander entfremdet, Vertrauen in die natürlichen Instinkte kann sich da nicht entwickeln. Dabei sind technische Tests nicht unfehlbar. Immer wieder kommt es vor, dass aufgrund einer Gefahrendiagnose, die sich im Nachhinein als falsch oder nicht richtig interpretiert erweist, in den natürlichen Geburtsablauf eingegriffen wird mit zum Teil sehr negativen Folgen. Andererseits kommt es auch vor, dass Überwachungsgeräte tatsächliche Gefahrensituationen gar nicht entdecken. Aus den Berichten vieler Frauen geht hervor, dass sie, obwohl Tests keine bedrohliche Situation erkannten, ein ungutes Gefühl nicht loswurden und sich das Kind in der Tat in einer Gefahrensituation befand.

Aus dem Gesagten lässt sich schließen, dass sich Frauen zunächst auf ihr eigenes Gefühl verlassen sollten, wenn es um ihre ungeborenen Kinder geht. Daraus kann auch viel Sicherheit und Zuversicht erwachsen.

Ilka erinnert sich an ihre Schwangerschaft:

„Ich war in meiner Schwangerschaft in einer schwierigen, ungeklärten privaten Situation. Die Gedanken an das Kind waren aber immer ein Lichtblick für mich. In dem Moment der Entscheidung für das Kind hat sich nochmals viel verändert, ganz besonders auch bei meinem Partner. Soviel zur Grundsituation. Ganz konkret erkrankte ich im dritten Monat schwer mit einer Blasenentzündung. Ich mochte nichts trinken, nichts essen. Trotzdem war ich zuversichtlich, dass dies dem Kind nicht schaden würde. Ich sagte mir: ‚Das betrifft mich, aber nicht das Kind. Es wird gut versorgt und es nimmt sich das, was es braucht.‘ Ich hatte immer die Sicherheit, dass es meiner Tochter (damals kannte ich das Geschlecht allerdings noch nicht) gut ging. Ich habe viel mit ihr gesungen und getanzt. Bei den tanzenden Bewegungen habe ich immer gespürt, wie sehr sie das mag. Diese Vorliebe hat sich auch nach der Geburt (sie ist völlig gesund!) bestätigt. Wenn ich mit ihr auf dem Arm getanzt habe, beruhigt sie sich besonders gut. Ich habe immer – auch vor der Geburt – auf ihre Gefühle geachtet. Und ich hatte auch das starke Gefühl, dass sehr viel von ihr ausging. Sie gab mir Sicherheit und Stärke, und wenn ich an sie dachte, wurde es hell und zuversichtlich, auch wenn drum herum oft Chaos herrschte. Ich fand diese Sicherheit, die von ihr ausging, immer ganz faszinierend. Sie hat mir geholfen und mir die Kraft gegeben, die notwendigen Veränderungen in meinem – in unserem – Leben einzuleiten und durchzusetzen. Durch die Schwangerschaft mit meiner Tochter hatte ich den Mut bekommen, das nach außen zu tragen, was ist. Ich war sonst eher immer ruhig und bemüht, nicht sonderlich aufzufallen. Die nötigen Veränderungen in meinem Leben waren allerdings alles andere als unauffällig. Trotzdem habe ich es durchgestanden. Das Kind in meinem Bauch war für mich der ruhige Kern in einem Wirbelsturm. Deshalb ist die Beziehung zu ihr auch heute noch etwas ganz Besonderes. Noch im Bauch habe ich sie viel gestreichelt und massiert, auch später, als sie geboren war. Sie war ein sehr zufriedenes Baby, hat viel gelacht und zeigte schon sehr früh Interesse an ihrer Umgebung."

Der Anteil des Kindes an der Schwangerschaft – und auch ganz entscheidend an ihrem Verlauf – ist nicht zu unterschätzen. Es ist fast, als hätte das Kind bereits einen „eigenen Willen", den es der Mutter vermitteln will und kann. Diesen Willen gilt es zu achten, auch wenn es nicht immer einfach zu akzeptieren ist. Ein klassisches Beispiel ist wohl die Beckenendlage, in der das Kind mit dem Kopf nach oben, also für die Geburt „falsch herum" liegt. Bis vor einigen Jahren wurde bei dieser auch „Steißlage" genannten Diagnose meist „vorsorglich", das heißt geplant und ohne die Wehen abzuwarten, ein Kaiserschnitt vorgenommen. Dies ist allerdings längst nicht immer notwendig, und ein Kaiserschnitt bedeutet für die Mutter – aber auch für das Kind – erhebliche Nachteile.[73] Bei einem geplanten Kaiserschnitt hat das Kind keinerlei Einfluss auf seinen Geburtstag und es wird ihm auch die Erfahrung des Geborenwerdens versagt. Obwohl die daraus resultierenden Störungen bislang noch nicht wissenschaftlich untersucht wurden (für diese Art von Forschung, die natürlich sehr langfristig angelegt sein müsste, stehen leider kaum Gelder zur Verfügung), so sind die Auswirkungen auf das frühe, aber auch spätere Leben des Kindes – aber auch der Mutter – nicht unerheblich. Davon kann auch die Bindungsbeziehung von Mutter und Kind betroffen sein. Es gibt sogar Hinweise, dass die Persönlichkeitsstruktur des Kindes durch die Erfahrung „Kaiserschnitt" beeinflusst wird.[74] All dies hat mit dazu geführt, die Geburt auch in Beckenendlage auf natürlichem Weg zu versuchen – mit guten Erfolgen. Allerdings gibt es noch immer Gynäkologen und Gynäkologinnen, die das Risiko einer Beckenendlage so sehr betonen (Möglichkeit des Sauerstoffmangels durch zusammengedrückte Nabelschnur beim Austritt des Steißes), dass viele Eltern ängstlich werden und kein Vertrauen in den gewählten Weg ihres Kindes entwickeln können.

Häufig wird bei Beckenendlagen versucht, das Kind zu animieren, sich zu drehen. Wendungsmöglichkeiten, wie „indische Brücke", „Moxibution" oder „äußere Wendung" können die gewünschte Drehung bewirken, allerdings nicht immer. Auch Versuche mit haptonomischer Unterstützung verlaufen oft sehr erfolgreich. Aber auch hier mit Einschränkung. Dr. Djalali: „Eine Wendungsübung kann nur erfolgreich verlaufen, wenn das Kind das auch will. Den Willen des Kindes sollte man auch unbedingt gelten lassen. Nach ‚erzwungenen' Wendungen drehen sich die Kinder oft wieder zurück in die Beckenendlage."

Was bleibt, sind die Gründe für die Weigerung mit dem Kopf nach vorne geboren zu werden, zu erforschen. Auch hier ist die Intuition der Mutter gefragt. Vielleicht sollte sich die Mutter in dieser Situation sehr bewusst dem Kind zuwenden und es fragen, weshalb es mit dem Kopf nach oben liegt. Es kann natürlich sein, dass die „Antwort" nicht sofort kommt. Eventuell dauert es seine Zeit, bis die Mutter herausgefunden hat, weshalb ihr Kind in dieser Lage ist. Nicht selten verhindern auch unbewusste Probleme der Mutter, dass sie die Antwort ihres Kindes entgegennehmen und „verstehen" kann. In dieser Situation ist es unter Umständen angebracht, sich bei Geburtsvorbereiterinnen, in Frauengesundheitszentren oder bei erfahrenen Hebammen, die pränatalen Zusammenhängen offen gegenüberstehen, auszusprechen und auf Hilfsangebote zurückzugreifen. Besonders geeignet sind Therapeuten der Gesellschaft für Tiefenpsychologische Körpertherapie (GTK), deren Ausbildung pränatale Aspekte berücksichtigt (Adresse im Anhang).

In ihren Geburtsvorbereitungskursen zeigt Christina Hurst-Prager werdenden Eltern, mit welchen Übungen sie ihre Intuition schärfen können, um die Botschaften ihres Kindes aufzunehmen. Sie empfiehlt Folgendes:[75]

Die Partner setzen sich auf Kissen gegenüber im Schneidersitz auf den Boden. Sie schließen ihre Augen und achten zunächst auf ihren eigenen Atemrhythmus. Sie werden angeleitet, sich ihrer selbst bewusst zu werden als Individuen, als Frau, als Mann, die Mutter bzw. Vater werden, als Teil eines Paares, das in die Elternschaft eintritt. Nach einer Weile werden sie ermutigt, ihre Hände auf die Knie des Partners zu legen. Noch immer achten sie auf ihren Atem. Ganz allmählich gleichen sich ihre Atemrhythmen einander an. Ohne bewusste Anstrengung atmen sie bald im selben Rhythmus. Sie lassen ihren Atem zwischen sich hin und her fließen und schließen dann auch das Baby mit ein: vom Vater – zur Mutter – zum Baby. Jeder Atemzug ist wie ein liebevolles Streicheln des Babys. Sie werden ermuntert, sich ihrer Gedanken und Gefühle dem Baby gegenüber gewahr zu werden. Jetzt legen beide ihre Hände liebevoll auf den Bauch der Frau. Beide teilen dem Baby ihre Gedanken und Gefühle mit und sind bereit, die Antworten des Kindes zu hören. Die Antwort kann ganz unterschiedlich ausfallen: Sie kann in Form eines Bildes vor dem inneren Auge erscheinen, eines Wortes, eines Satzes, eines Gedankens, eines Gefühls oder einer Körperregung. Sie werden ermutigt, ihre Liebe zu ihrem Kind von ihrem Herzen durch ihre Arme und Hände (als Verlängerung des Herzens) zum Baby fließen zu lassen. Ganz langsam und sacht erinnert Christina Hurst-Prager die Eltern daran, sich sanft und behutsam von ihrem Kind für den Moment wieder zu verabschieden, sich wieder als Paar und schließlich als Individuum bewusst zu werden und langsam die Augen zu öffnen. Im Anschluss erzählen die Paare einander, was sie erlebt haben, welche Gefühle und Gedanken bei ihnen an die Oberfläche kamen.

Diese Übung kann im Rahmen eines Geburtsvorbereitungskurses stattfinden, aber Paare können sie auch durchaus zu Hause allein versuchen. Wenn diese Übung in regelmäßigen Abständen (etwa einmal pro Woche oder einmal pro Monat) durchgeführt wird, ist es sicherlich interessant, die Veränderungen in der Wahrnehmung zu beobachten. Vielleicht ist es auch sinnvoll, die Gedanken und Gefühle im Anschluss an die Partnerbesprechung aufzuschreiben. Diese schriftlichen Aufzeichnungen können auch später vielleicht dem Kind, wenn es größer ist, gezeigt werden.

Hurst-Prager beschreibt noch eine weitere Übung, um den Kontakt mit dem Baby zu vertiefen:

Auch diese Übung ist für die Mutter wie für den Vater geeignet. Es ist eine visualisierte Reise. Auch hierbei sollten sich beide zunächst (durch Entspannungstechniken oder Meditation) völlig entspannen. Dann sollen sie sich vorstellen, sie schlüpfen in die Haut ihres Babys; ähnlich wie sie früher in die Schuhe ihrer Eltern geschlüpft sind und „erwachsen“ gespielt haben, schlüpfen sie jetzt in die Rolle ihres Babys. Sie stellen sich vor, wie sie auf einer bequemen Wolke schwebend langsam auf ihre Stadt, ihr Dorf zusteuern und schließlich über dem Haus ihrer „Eltern“ (nämlich ihres eigenen Heims) stehen bleiben und „ihre Eltern“ beobachten: wie sie nach Hause kommen, einander begrüßen, sich unterhalten – über sich selbst und das Baby. Von

Zeit zu Zeit, wenn angebracht, kann sich auch das Baby in die Unterhaltung einbringen oder es wird um Antworten gebeten. Nach einer Weile zieht sich das Baby zurück in den Uterus, zu dem Patz, wo es jetzt hingehört, wo es behütet und sicher ist, wo es in Ruhe wachsen und gedeihen kann, bis es zu seiner Geburt bereit ist. Auch diese „Reise" erzählen sich die werdenden Eltern gegenseitig.

In Hurst-Pragers Geburtsvorbereitungskurs teilen die Paare ihre Erlebnisse auch anschließend der ganzen Gruppe mit. Die Berichte sind wirklich sehr erstaunlich. Hurst-Prager: „Viele, viele Mütter bekommen von ihren Kindern ‚gesagt', dass sie besser auf sich selbst achten sollten, sich nicht so viel um die ‚falschen Dinge' sorgen sollten, die sie tun, oder darum, dass sie nicht die ‚richtigen Dinge' tun. Vielmehr sollten sie einfach gut auf ihr eigenes Wohlbefinden achten, dann würden sich auch die Babys wohl und glücklich fühlen." Sie schließt mit einem Appell, dem ich mich gerne anschließen möchte: „So lasst uns auf den intelligenten Ratschlag unserer ungeborenen Babys achten und schwangere Frauen darin unterstützen, dass sie gut, sanft und liebevoll mit sich selbst umgehen mögen!"

Die Idee, dass sich ungeborene Kinder ihren Müttern mitteilen, ist selbstverständlich nicht neu, sie wurde vielleicht nur in den letzten Jahrzehnten etwas aus dem Auge verloren. Ein Zeichen, dass dieses Wissen uns eigentlich nie ganz abhanden gekommen ist, sind Beschreibungen, die – wenn auch sehr populär aufbereitet – von den „Gesprächen" erzählen, die Babys an ihre Mütter richten. Allerdings sind diese mit gewisser Vorsicht zu genießen, denn ihnen zugrunde liegen oft abenteuerliche Vorstellungen von einem vorgeburtlichen Leben. Ein Beispiel ist das Buch „Hallo, hier bin ich!" von Willy Breinholst, das sich seit seiner deutschen Erstveröffentlichung im Jahre 1973 bis heute zu einem Dauerbrenner entwickelt hat.[76] Interessant bei diesem Werk ist einmal, dass es ein Mann geschrieben hat, der auf diese Weise zum Sprachrohr für ein ungeborenes Kind wird und Tausenden von Schwangeren Ratschläge erteilt, wie sie sich ihr Kind im Bauch vorzustellen haben. In diesem Zusammenhang fällt auch auf, dass er die Hebamme als dem Baby suspekt beschreibt, den (männlichen) Gynäkologen aber als „okay". Bemerkenswert ist auch der Umstand, dass das Baby in seinem Buch zwar sehr viel redet, aber die Mutter davon nichts zu ahnen scheint. Im Gegenteil, die Mutter wird, insbesondere wenn es ums Thema Geburt geht, als teilweise

„böse“ erlebt, indem sie ihr Baby aus sich herauspresst, das Baby aber „bei der einzigen Mami, die ich jemals haben werde“, bleiben will. In anderen Buchpassagen wird die Mutter als leicht naiv und der Vater betont humorvoll beschrieben.

Ein kleiner Auszug soll verdeutlichen, wie konkret Breinholst die „Gedanken“ eines Kindes im Mutterleib ausmalt:

„Die Mama hat angefangen, mit mir zu reden. Sie nennt mich ihr Schätzchen, ihren klitzekleinen Racker... Mami und Papi haben ein sehr liebes Tier, das sie Pussy rufen. Manchmal, wenn die Mama auf ihrem Bett liegt und sich ausruht, springt Pussy auf sie drauf, dann kann ich beinah fühlen, wie lieb und weich sie ist. Manchmal versetze ich ihr einen Tritt, nur so zum Spaß, und das spürt sie und stellt sich auf die Beine und gibt Mamis Bauch einen kleinen Klaps mit der Pfote, und dann hebt die Mami den Kopf und sagt: ‚Ruhe da unten, ihr zwei!‘“

Sehr aufschlussreich ist die Schilderung der Geburt beziehungsweise der herannahenden Geburt. Hier kann man sich nur schwer des Eindrucks erwehren, der Autor schöpfe aus eigener (Geburts-) Erfahrung. Doch urteilen Sie selbst:

„Die Mama und ich haben wieder die Dame besucht, die HEBAMME heißt. Jetzt ist es sonnenklar, dass sie nicht zu mir hält, den Verdacht hatte ich ja schon lange. Die will nur eins: mich irgendwie zu fassen kriegen; aber solange ich bei der Mami bleibe, wird ihr das nicht gelingen. Da kann sie noch so schlaue Pläne ausklügeln. Die Geburt, von der so viel die Rede ist, zerfällt in zwei Phasen: Die erste heißt Eröffnungsphase, die zweite Austreibungsphase. Schon das Wort klingt reichlich brutal, finde ich, und ich lege keinen Wert darauf, dabei zu sein, wenn es so weit ist. Ich habe noch eine dritte Phase dazu erfunden, die ich einleiten werde, wenn die mir krumme Dinger drehen. Ich nenne sie Widerstandsphase. Wenn die mich erwischen wollen, versteck ich mich. Dann können die Kuckuck! Kuckuck! schreien, soviel sie wollen. Mich kriegen sie nicht zu sehen.“

Im weiteren Verlauf fallen Sätze wie: „Die Mami fängt an, sehr stark zu pressen, und ich wollte, sie ließe das bleiben, weil mein Kopf das nicht aushält. In den Wehenpausen kann ich nicht genügend Kräfte sammeln, um ihr ordentlich Widerstand zu leisten. (...) Hätte ich mich doch bloß nicht herumgedreht, dann könnte ich mich jetzt mit gespreizten Beinen gegen den Ausgang stemmen!“

Da findet kein Dialog statt! Hier ist das Kind allein gelassen und seine Wünsche werden missachtet. Der Autor stellt sich so eine „normale" Geburt vor. Für ihn scheint es keine Frage zu sein, dass Kinder die Gebärmutter nicht verlassen wollen. Das Buch ist darauf angelegt, komisch zu wirken. Wie heißt es auf dem Cover? „Meine vergnüglichen Abenteuer auf der neunmonatigen Reise bis zur Geburt." Und, das Buch kommt an, sonst hätte es nicht viele Auflagen erreichen können. Sollte unsere Gesellschaft so geburtsfeindlich eingestellt sein, dass es uns schon gar nicht mehr auffällt, wie mütterunfreundlich und damit kinderunfreundlich unsere „normalen" Vorstellungen von Schwangerschaft und Geburt sind? Auf dem Boden solcher Vorstellungen überrascht es wenig, wenn medizinische Angebote, die Geburt zu verkürzen oder „unfühlbar" zu machen (durch den Einsatz von Schmerzmitteln oder einer Rückenmarksspritze), dankbar angenommen werden. Auf diese Weise ist ein Dialog mit dem Kind natürlich nicht möglich, vielleicht wird er deshalb auch von medizinischer Seite so wenig gefördert. Die Unempfindlichkeit für die Bedürfnisse des Kindes führen letztlich in eine recht paradoxe Situation. Auf der einen Seite wird medizinisch alles getan, um die Risiken für das Kind zu verringern: Vielfältige Testserien sorgen von der Schwangerschaft bis zur Geburt für eine möglichst kontrollierte Situation, in der „Gefahrensituationen" frühzeitig erkannt werden können. Andererseits führen gerade diese Testserien und Kontrollen dazu, dass die Schwangere ihrer Intuition und ihrem Wissen ihrem Kind gegenüber entfremdet wird. Das Kind wird so ein Objekt der Beobachtung, dem keine eigenständige Mithilfe zugetraut wird, die Mutter ist gleichsam auf ihre Körperfunktionen reduziert und agiert bestenfalls als passive „Gebärmutter". Dies wird insbesondere im Wunsch nach einem Kaiserschnitt ohne medizinische Notwendigkeit deutlich. Eine solche Sichtweise öffnet aber in der Folge die Türen für weitaus invasivere Einflussmethoden der Medizin auf die Fortpflanzung.

Kapitel 4

Im Supermarkt der Reproduktionsmedizin[77]

Anfängen wird besondere Aufmerksamkeit geschenkt. Aus gutem Grund. Denn die ersten Minuten, ja Sekunden entscheiden viel. Das ist so, wenn wir jemanden kennen lernen, wenn eine Rednerin die Bühne betritt, wenn wir zum ersten Mal in eine Wohnung oder ein Haus kommen. Die ersten Eindrücke sind oft entscheidend und sind meist für lange Zeit in unserem Gedächtnis gespeichert. Wir sind uns dessen nicht immer bewusst, aber dennoch setzen sich diese Erstbegegnungen irgendwo in uns fest. Die Geschichten, unter welchen Umständen, wo und wie sich spätere Liebes- oder Ehepartner kennen gelernt haben, werden später gerne den Kindern weitererzählt. Im Grunde ist dies die erste Ankündigung ihres eigenen Entstehens, denn wenn sich Mutter und Vater damals nicht kennen gelernt hätten, wären sie heute nicht auf der Welt. Das heißt nichts anderes, als dass das Nicht-Materielle zuerst da ist.

Menschen, die spirituell offen sind, berichten häufig, dass sie schon vor der Zeugung mit ihren zukünftigen Kindern in Kontakt gekommen sind, sei es durch Träume oder Vorahnungen. In anderen Kulturen ist dies viel weitgehender akzeptiert als bei uns mit unserer Ausrichtung auf die Materie und das Rationale. Nur all das, was wir sehen und vor allem messen können, ist „real".

Die Entstehung des Lebens ist noch immer ein Wunder und es ist nach wie vor geheimnisumwittert. Die Entstehung menschlichen Lebens ist die Wiederholung der Schöpfungsgeschichte im Individuellen. Bis heute sind die Fragen nach dem eigenen Woher, nach der ursprünglichen Herkunft, eingehüllt in den Nebel der Unkenntnis. Sobald wir Fragen zulassen, die über die biologische Funktionalität hinausreichen, sehen wir nach wie vor mehr Fragezeichen als Antworten. Niemand kann sagen, weshalb sich die Eizelle gerade dieses eine Spermium aussucht und ihm Eintritt gewährt. Denn es ist tatsächlich die Eizelle, die aussucht. Entsteht ein Embryo, wenn Frau und Mann sich körperlich lieben, so durchfluten Liebeshormone den Körper der Frau. Dies ist eine Umgebung, in der sogar chemisch gesehen, Liebe fließt. Und auch energetisch ist die Grundstimmung heiter und positiv, wenn nicht gar leidenschaftlich und orgiastisch. Dies sind gute Voraussetzungen, um zu wachsen und zu gedeihen. Die Erstinformation der Urzelle ist eine der Liebe und wird an alle daraus entstehenden Zellen weitergeleitet. Denn Zellen haben ein Gedächtnis, das hat die Biologie längst bewiesen. Sogar Spermien haben ein Gedächtnis, wie Forscher kürzlich erst gezeigt haben.

Was aber bedeutet dies Wissen für die Zeugung in der Petrischale? Welche Bedingungen herrschen dort vor? Schon die Gewinnung von Eizelle und Spermium ist energetisch belastet und stressbeladen. So meint zum Beispiel die Gynäkologin Christine Northrup in ihrem Buch „Frauenkörper – Frauenweisheit“[78], dass die Gameten eine Spur der Energie ihrer Entstehung in sich tragen: „Meiner Meinung nach hat aber die Samenflüssigkeit, die beim Geschlechtsakt mit einer geliebten Frau ausgestoßen wird, eine ganz andere energetische Qualität, ja sogar andere physiologische Eigenschaften als die, die in einer Krankenhaustoilette durch Masturbation beim Betrachten pornografischer Bilder produziert wird.“ Und auch die Eizellen bringen schon eine Botschaft mit. Denn für eine künstliche Befruchtung werden der Frau – nachdem sie sich vorher monatelang hormonell extrem hat stimulieren lassen – im OP die Eizellen aus dem Bauch geholt. Dieser Vorgang einer Punktion ist durchaus schmerzhaft, wie Frauen übereinstimmend berichten. Trotzdem werden sie ermutigt, es ohne Betäubung über sich ergehen zu lassen, denn die Eizell-Qualität soll ja nicht leiden. Bei Schmerzen werden jedoch auch Hormone ausgesandt. Stresshormone nämlich. Das heißt, die Eizellen sind bereits stressbelastet, wenn das wahre Trauma ansteht, nämlich die gewaltsame Vereinigung mit der Samenzelle durch eine Nadel. Der Samen wird auf diese Weise in die festgehaltene Eizelle eingespritzt. Da inzwischen bekannt ist, dass diese gewaltsame Vereinigung die Eihülle oft beschädigt, wird inzwischen per Laser etwas „vorgeritzt“, aber es bleibt trotz allem eine erzwungene Vereinigung ohne aktive Beteiligung der Ei- oder Samenzelle. „ICSI-Methode“ heißt das im Fachjargon, „Sex unter dem Mikroskop“ nennen das die Reproduktionsmediziner untereinander und haben durchaus ihren Spaß dabei. Einige haben ihre ganz eigenen Methoden entwickelt. Zum Beispiel plauderte ein Mediziner in einem Nachrichtenmagazin aus seinem Nähkästchen, dass er nämlich den Samenfäden kurzerhand den Schwanz abknicke, wenn der den Kopf in die Eihülle eingebracht hat. Welche Konsequenzen das habe, wisse er nicht, aber „Hauptsache, es klappt“.

Mir stellt sich so die Frage: Wurde so die Urzelle bereits traumatisiert und wird dieses frühe Imprinting als Trauma auf Zellebene allen weiteren Zellen weitergegeben? Neueste Forschungsergebnisse scheinen inzwischen zu belegen, dass bei einer künstlichen Befruchtung tatsächlich das Imprinting gestört wird. Zumal die befruchtete (vergewaltigte?) Eizelle rund 48 Stunden in einem Inkubator zubringen wird. Die Verschmelzung von Ei und Samen und die ersten Zellteilungen finden also in einer Maschine statt, ohne menschliche Regungen oder Gefühle. Die so entstandenen Embryonen werden dann einer ersten Qualitätsprüfung unterzogen (bislang noch durch Begutachtung eines Experten, aber wenn es nach dem Willen der Reproduktionsmediziner geht, demnächst durch eine genetische Untersuchung per PID). Die „Besten“ zwei oder drei werden dann der Frau wieder eingesetzt. In anderen Ländern ohne Embryonenschutzgesetz auch mehr. Die restlichen werden eingefroren. In Deutschland allerdings noch vor der Verschmelzung. Die übrigen werden der Forschung überlassen. Allein in dieser Tatsache steckt eine Menge Sprengstoff, doch dazu später.

Bleiben wir noch einen Moment bei dem gerade hergestellten Embryo. Der Embryotransfer, also der Moment, an dem die Frau ihren Embryo eingesetzt bekommt, ist meist ein Akt, bei dem nicht wirklich Freude aufkommt.

Eine Frau berichtet von ihrem Transfer in ihrem Internet-Tagebuch:

„Der Transfer war wirklich schon ein Akt für sich. Erst mal war die Blase nicht genug gefüllt, sodass die auf dem Ultraschall nichts sehen konnten. Dann habe ich mich irgendwie verkrampft (war auch alles so empfindlich von dem doofen HCG), dass die Ärztin den Katheder (mit dem Embryo) nicht in die Gebärmutter bekommen hat. Es hat gehakt und das tat ganz doll weh. Ich habe da jedenfalls rumgejault und mich dann immer mehr verkrampft. Ätzend. Und dann das Hin und

Her: ‚Labor kann Katheder anreichen!‘, ‚Labor bekommt Katheder zurück!‘ Natürlich noch mit Embryo, was die Helferin noch hinterher rief! Ich hatte das Gefühl, dass der Ruf in letzter Minute kam. Letztlich hat es dann doch geklappt mittels einer Goldspirale, was immer das sein mag. Verwirrt hat mich auch, dass es jetzt nicht mehr diese Nährlösung vorab gibt, sondern der Embryo in dieser rosa Flüssigkeit schwimmt, er also zeitgleich eingefüllt wird.“

Und die Zeit danach ist für die Frauen ein wahres Martyrium. Sie sind psychisch bis an die Grenze belastet. Die Frage „Nistet es sich ein oder nicht?“ verdrängt alles andere. Sie haben so lange auf diesen Moment hingearbeitet, dass sie versuchen, alles auszuschließen, was der so dringlichst herbeigesehnten Einnistung schaden könnte. Sie verhalten sich, als seinen sie selbst ein rohes Ei, das keine Erschütterungen verträgt. Dies wiederum führt zu einer Verkrampfung, die sich wahrscheinlich auch auf den Embryo überträgt.

Wundert es unter diesen Voraussetzungen, dass die Einnistung das Hauptproblem der Reproduktionsmedizin schlechthin ist? Dass die Erfolgsquoten ihren Namen eigentlich gar nicht verdienen? Das, was sich heutzutage so selbstverständlich als etablierte Methode präsentiert, ist im Prinzip nicht mehr als ein Experiment mit ungewissem Ausgang. Von 61 531 Behandlungen im Jahr 2000 endeten lediglich 5327 in einer Geburt. Das sind mit knapp 9 Prozent wahrlich keine sonnigen Aussichten. Das bedeutet aber auch, dass bei 56 000 Behandlungen irgendwas schief gelaufen ist. Meist sind das Frühabgänge. Zum anderen kommen 18 Prozent der durch eine In-Vitro-Fertilisation (IVF) gezeugten Einlinge und 73 Prozent der IVF-Zwillinge zu früh zur Welt. Weit über die Hälfte der extremen Frühchen trägt lebenslange, zum Teil schwerwiegende Behinderungen davon.

Das Versprechen eines gesunden Kindes erweist sich also bei näherem Hinsehen als äußerst schwach. Das insbesondere auch deshalb, weil Kinder, die per IVF gezeugt werden, doppelt so häufig mit einem Geburtsgewicht unter 2,7 kg zur Welt kamen. Ein zu niedriges Geburtsgewicht erhöht das Risiko einer Entwicklungsverzögerung um das Dreifache. Und auch im weiteren Lebensverlauf erkranken IVF/ICSI Kinder häufiger an seltenen Krankheiten. So tritt beispielsweise das Beckwith-Wiedemann Syndrom, aber auch Krebs bei IVF Kindern häufiger auf, wie Wissenschaftler der Cambridge University ermittelten.

Aber nicht nur das. Sie sind zudem einer doppelt so hohen Gefährdung ausgesetzt, mit einem schweren Geburtsfehler (Nieren- oder Herzfehler) geboren zu werden, als Kinder, die natürlich gezeugt werden. Dies jedenfalls ist das Ergebnis mehrerer internationaler und deutscher Studien. Noch höher liegt das Risiko von Fehlbildungen bei der ICSI-Methode. Die Ergebnisse des Geburtenregisters „Mainzer Modell" an der Uni-Kinderklinik in Mainz zeigen dies deutlich: Bei Geburten nach spontaner Konzeption waren 7,1 Prozent der Kinder fehlgebildet; bei IVF waren es 9,5 Prozent und bei ICSI schon 22,8.

Die Wahrscheinlichkeit, ein behindertes Kind zur Welt zu bringen, erhöht sich bei der ICSI-Methode um das 2,7-fache. Das ist vergleichbar mit dem Risiko, das Verwandte bei einer Zeugung eingehen würden. Von Verwandtenehen wird dringlichst abgeraten, sie sind mit Tabu belegt, ICSI wird auf den Homepages der Reprocenter als sichere Methode, Kinder zu machen, dargestellt. Von den Risiken fehlt oft jedes Wort, oder sie werden heruntergespielt.

Mediziner hoffen auf bessere Einnistungschancen durch eine genetische Vorauswahl per PID. Embryonen mit wenigen Chancen auf Einnistung oder genetisch belastete können so von vornherein aussortiert werden. Damit könnten – als positive Begleiterscheinung für die Reprocenter – auch die unangenehmen Statistiken bereinigt werden. Zwar ist PID zunächst nur für die viel zitierten Hochrisikopaare vorgesehen, aber eine Ausweitung wird offenbar stillschweigend vorausgesetzt. Nicht umsonst fürchten PID-Befürworter die Aufstellung einer Indikationsliste wie der Teufel das Weihwasser.

Die Soziologieprofessorin Elisabeth Beck-Gernsheim, die dem Kanzler bei der Zusammenstellung des Ethikrats eine Absage erteilt hatte, ist überzeugt, dass sich die Ausweitung der PID kaum aufhalten lasse: „Eine begrenzte Anwendung der PID nur bei genetisch belasteten Eltern könnte sogar zu haftungsrechtlichen Konsequenzen führen", befürchtet sie. Beck-Gernsheim beruft sich dabei auf eine Aussage der Medizinethikerin Christiane Woopen, Mitglied im Nationalen Ethikrat: „Andere Paare werden möglicherweise den Einsatz der Methode einklagen, um ihre Chancen zu verbessern." Dabei ist mehr als fraglich, ob die Vorauswahl mit PID überhaupt die in sie gesetzten Hoffnungen erfüllen kann. Zwar würden damit weniger Kinder mit schweren Erbkrankheiten geboren, aber die meisten Kinder, die nach einer IVF oder ICSI behindert sind, erwerben sich ihre Defizite durch die Methode bzw. auch die Folgen der Zeugungsmethode. Es ist also letztlich die künstliche Befruchtung selbst, die für die vielen Behinderungen verantwortlich ist. Es kann also sein, dass den so genannten Hochrisikopaaren versprochen wird, dass sie ein gesundes Kind bekommen – frei von der erblichen Belastung. Das mag dann auch so sein, das Kind hat nicht die gefürchtete Erbkrankheit, ist aber dennoch behindert.

Das sind jedoch nicht die einzigen Konsequenzen der künstlichen Befruchtung. Wie wirkt sich die Befruchtung in der Petrischale für die Frau, die Mutter-Kind-Beziehung, das Kind und schließlich auf die Gesellschaft aus?

Zunächst: Was bedeutet dies für die indiviuelle Frau?

Kritikerinnen weisen darauf hin, dass die Rolle der Frau in der Reproduktionsmedizin darauf hinausläuft, dass sie nur noch austragendes Organ ist. „Fetales Umfeld“ sozusagen, wie Repromediziner es ganz selbstverständlich und ohne rot zu werden nennen. Und das spürt auch die Frau. Denn ihre Rolle war bis zur Einsetzung des Embryos eine passive. Ihre Hormonproduktion wurde von außen durch künstliche Hormone hervorgerufen. Die Eizellen wurden ihr entnommen, sie musste stillhalten und ertragen. Auch beim Embryotransfer ist sie passiv. Ärzte setzen ihr den von ihnen kreierten und ausgewählten Embryo ein. Sie sind die Schöpfer, die Frau ist dankbare Abnehmerin. Konsumentin sozusagen. Ihr wird ein Produkt eingesetzt, von dem sie möchte, dass es ihres ist. Aber nun ist sie gefordert. Sie muss dafür sorgen, dass dieses Produkt sich bei ihr festsetzt. Denn wenn es nicht klappt, ist sie diejenige, die sich die Schuld geben kann. Das jedenfalls ist das Fazit, das eine Frau aus einem Werbevideo eines Reproduktionscenters ziehen kann. Dort heißt es dann sinngemäß zur Situation nach dem Embryotransfer: „Wir haben alles Menschenmögliche getan. Mit allen High-Tech-Methoden, jetzt ist die Natur dran“, also die Frau. Und wenn es dann nicht klappt, dann war es nicht die falsche Methode, sondern die individuelle Frau. Wie praktisch! Dabei ist inzwischen bekannt, dass der Embryo durch Ausschüttung verschiedenster Signalstoffe selbst erheblichen Anteil daran hat, ob er sich bei der Frau einnisten kann oder nicht.

Kommt es schließlich zur Einnistung und einer Schwangerschaft, so hat die Schwangere bereits sehr angstbesetzte Wochen hinter sich. Es wird nicht so leicht sein, diese Angst wieder loszulassen. Zumal gerade Schwangerschaften, die durch künstliche Befruchtung zustande gekommen sind, meist medizinisch sehr engmaschig begleitet und getestet werden. Selbst nach PID werden alle pränatalen Diagnostikmethoden eingesetzt, denn die PID ist nicht fehlerfrei. Diese Schwangerschaften sind nicht nur Risikoschwangerschaften aufgrund der Methode der Zeugung, sondern auch aufgrund der hohen psychischen Belastung der Schwangeren, die im Grunde weiß, dass sie es nicht selbst war, die diese Schwangerschaft erzielt hat. Dieses Wissen wird sich stets individuell unterschiedlich auswirken, aber ich denke, es hat eine Wirkung. Wie ich bereits ausgeführt habe, kommt ja auch ein erheblicher Prozentsatz dieser Kinder zu früh zur Welt.

Auswirkungen auf die Mutter-Kind-Beziehung

Sicherlich wird die Vorfreude auf das Kind in ganz erheblichem Maße vorhanden sein. Aber eine unterschwellige Angst wird ebenfalls eine Rolle spielen. Frauen mögen sich auch Gedanken darüber machen, ob sie denn überhaupt die Rolle einer guten Mutter werden spielen können, wenn der Anfang schon so schwierig war. Es besteht die Gefahr, dass die Eigenkompentenz durch diesen Beginn bereits untergraben ist. Experten haben das Kind geschaffen, beobachten in der Schwangerschaft das Wachstum und die Embryonalentwicklung. Der Begriff, den Ernest Freud für die Situation von Eltern frühgeborener Kinder geschaffen hat, die auf der Station lange Zeit nicht in die Versorgung ihres Kindes einbezogen waren, während Experten über das Leben ihres Kindes wachten, nämlich das „Whose-Baby-Syndrom", trifft meiner Meinung auch auf Schwangerschaften nach künstlicher Befruchtung zu. Die Befürchtung, etwas falsch zu machen, und das Bedürfnis nach Bestätigung, dass alles gut läuft, wird sehr ausgeprägt sein. Das Unangenehme an Testergebnissen ist jedoch bekanntermaßen, dass sie nur für einen kurzen Zeitraum zu beruhigen vermögen. Dann kann die Angst unter Umständen in potenzierter Form wieder auftauchen. Die Schwangere wird immer weniger sich selbst und ihren Gefühlen, ihrer Intuition für sich, ihren Körper und für das Kind vertrauen können. Die viel zitierte „Zeit der guten Hoffnung" ist zu einer „Zeit der Befürchtungen und potenzieller Komplikationen" geworden. Der geplante (Wunsch)-Kaiserschnitt ist in diesem Zusammenhang die bevorzugte Geburtsentscheidung. Das Vertrauen in natürliche Abläufe ist sehr gering ausgeprägt. Vieles von dem ist mittlerweile auch in „normalen“ Schwangerschaften beobachtbar, aber ich denke, bei Schwangerschaften nach künstlicher Befruchtung kommt dies in noch höherem Maße zum Tragen. Auch das Problem der „Schwangerschaft auf Probe“ stellt sich. Zum einen weiß die Schwangere, dass pränatale Diagnostikmethoden noch bevorstehen. Will sie sich psychisch vor Verlustschmerzen schützen – und dem kommt gerade bei derart verzweifelt herbeigesehnten Schwangerschaften immense Bedeutung zu –, wird sie den inneren Kontakt zum Kind hinauszögern, bis „technisch verbrieft und versiegelt“ alles im grünen Bereich ist. Nun ist auch das nur eine Scheinsicherheit und viele Schwangere nach künstlicher Befruchtung wissen das genau, denn sie sind – was technische Abläufe angeht – meist sehr gut informiert. Die Angst – jetzt auch noch vor einem behinderten Kind – geht in ihre nächste Runde. Was sich in einer solchen Situation nur zögerlich entwickeln kann, ist eine zuversichtliche Vorfreude. Der herzliche, intime innere Kontakt zum Kind ist von zu vielen Unabwägbarkeiten überschattet. Aus der pränatalen Psychologie wissen wir jedoch, wie wichtig die Zeit vor der Geburt für den weiteren Lebensweg ist.

Auswirkungen auf das Kind

Nun hat die Situation der Schwangeren auch Auswirkungen auf das Kind, sowohl psychisch als auch körperlich. In den letzten Jahren hat sich unser Wissen um die psychologischen Bedingungen und die psychische Situation des Kindes vor der Geburt sehr erweitert. Das Wissen stammt aus intrauterinen Filmaufnahmen, aus der Lernforschung und auch aus der Beobachtung von frühgeborenen Kindern, die ja quasi extrauterine Feten sind. Wichtig sind auch die Erfahrungen aus der Psychotherapie. Das Ergebnis dieser Beobachtungen ist, dass das Kind in einer sehr intensiven emotionalen Beziehung zur Mutter steht. Sehr dramatisch ist das nachzuweisen bei frühgeborenen Kindern. Während man früher lediglich darauf geachtet hatte, das körperliche Überleben zu sichern, weiß man heute, dass sie besser gedeihen, wenn sie im direkten Körper- und Gefühlskontakt zu der Mutter stehen. Kinder, deren Eltern sich bereits vorgeburtlich mit ihnen beschäftigt haben, haben eine leichtere Geburt, entwickeln sich auch nachgeburtlich sehr positiv und haben anderen Kindern gegenüber einen deutlichen Vorsprung. Das alles bedeutet: Die vorgeburtliche Situation ist mehr als nur Versorgung mit Sauerstoff, genügend Nährstoffen und den richtigen Hormonen. Ein elementar wichtiges ‚Lebensmittel' ist auch das emotionale Spüren, das Aufgehobensein, aber auch das Miterleben der mütterlichen Gefühle. Diese Beziehungswelt mit der Mutter ist die Basis für die psychische Entwicklung. Wollen wir die Liebesfähigkeit fördern, so muss diese Zeit größere Beachtung finden. Es gibt viele Möglichkeiten, dies zu tun, deshalb gibt es auch dieses Buch. Pränatalpsychologen weisen zudem darauf hin, dass eine pränatale Bindungsstörung mit einer gewissen Gewaltdisposition im späteren Leben einhergehen kann. Dr. Ludwig Janus, Psychotherapeut und Präsident der International Society and Medicine (ISPPM), sagte mir dazu kürzlich in einem Interview:

„Es gibt seit längerem Forschungen, die sich mit den Folgen von Stress während der Schwangerschaft auseinandersetzen. Und die kommen ganz klar zu dem Ergebnis, dass Menschen, die in der Schwangerschaft starkem Stress ausgesetzt waren, auch im späteren Leben anfälliger für Stress sind. Man kann sogar so weit gehen, dabei von einer Vorprägung zur Gewaltdisposition zu sprechen. Destruktives menschliches Verhalten beruht primär auf einer Bindungsstörung. Unsere Emotionen, Freude, Kummer, Leid, ebenso wie unser Nervensystem werden im Mutterleib entscheidend geprägt. Wie wir im Mutterleib Beine, Arme, Hände entwickeln, so bilden wir dort auch bereits unsere Gefühlswelt in Antwort auf unsere Umwelt aus. Diese Erfahrungen schlagen sich prägend in unserem Gedächtnis nieder. Unsere Grundeinstellung zur Welt: Vertrauen oder Misstrauen, Sicherheit oder Unsicherheit, unser Selbstwertgefühl und unser Bindungsverhalten werden demnach bereits pränatal angelegt. Überraschend mag sein, dass selbst nach so einer großen Zeitspanne – also von vor der Geburt bis ins Erwachsenenleben – diese Vorprägungen wirksam sein können."

Nun gibt es wenig Studien über die psychische Situation von IVF- bzw. ICSI-Kindern. Zwar gibt es kleinere Studien, die jedoch unter Mitwirkung von Reproduktionszentren zustande gekommen sind und denen nicht nur ihre kleine Fallzahlen, sondern auch ihre möglicherweise sogar gezielte Fallauswahl vorgeworfen wird. Diese Studien kommen – wenig überraschend – zu dem Ergebnis, dass sich künstlich erzeugte Kinder nicht von „natürlich“ entstandenen Kindern unterscheiden.

Insofern erachte ich es als legitim in dieser Frage einmal diejenigen zu befragen, die therapeutisch mit problematischen Kindern arbeiten. Kinderpsychologen behandeln in letzter Zeit auch Patienten, die aus IVF- oder ICSI-Zyklen entstanden sind. Meist wissen die Therapeuten zu Anfang der Behandlung nichts über die Zusammenhänge der Zeugung. Erst im Verlauf der Therapeutenbeziehung stellt sich dies dann im Elterngespräch heraus. Inzwischen, so berichtete mir der Psychotherapeut Karlton Terry aus Colorado in einem ausführlichen Telefongespräch, erkennt er jedoch Kinder aus IVF-Zyklen relativ schnell. Er beschrieb folgende Symptome, die er für typisch hält:

- einen erschwerten Ablösungsprozess von der Mutter,
- Probleme mit emotional intensiven Situationen, die auf den ersten Blick als wenig traumatisch wirken,
- große Furcht vor Nadeln und Ängste, geschnitten oder erstochen zu werden.
- Diese Kinder laufen manchmal herum wie „in Trance“. Es ist, als fühlten sie sich in ihrem Körper fremd.
- Sie vermeiden – wenn möglich – Körperkontakte, sie „kuscheln“ nicht.
- Sie haben oftmals Schwierigkeiten bei der Identitätsfindung.

Diese Probleme führt Karlton Terry als frühestes Imprinting auf die erzwungene, unnatürliche Verschmelzung von Spermium und Eizelle zurück. „Wenn wir an ein Zellenbewusstsein glauben, dann formen die heroischen Reisen, die das Sperma und die Eizelle zurückgelegt haben, von denen wir also entstanden sind, wichtige Landschaften und Erfahrungsebenen für unsere Psyche, genauso wie die Chromosomen und die Gene signifikante Bedeutung für die Entstehung unseres Körpers haben.“ Die Umstände der Zeugung haben nach Terry Auswirkungen auf unsere Impulse und formen mit die Art und Weise, wie wir auf das Leben, auf andere Menschen, ja auf uns selbst reagieren. Übrigens haben mehrere deutsche Therapeuten mir gegenüber diese Beobachtungen häufig bestätigt. Osteopathen berichten sogar von speziellen Verspannungen im Körper. Und Babys aus künstlichen Befruchtungen sind häufig „Schrei-Babys“.

Nun ist dies kein gesichertes Wissen, das gebe ich gerne zu. Und uns fällt es schwer, Dinge ernst zu nehmen, die wissenschaftlich nicht abgesichert sind. Das liegt an unserer Sozialisation und dem Übergewicht, das Materie und Fakten dort haben.

Erich Kästner sagte dazu:

> In ihren Händen wird aus allem Ware,
> in ihrer Seele brennt elektrisch Licht,
> sie messen selbst das Unberechenbare,
> was man nicht zählen kann, das gibt es nicht.

In der Genomforschung wird zur Zeit ja so getan, als gäbe es bald keine Geheimnisse im menschlichen Bauplan mehr. Aber das ist nur die eine Seite der Medaille. Menschsein bedeutet mehr als nur das Leben in einem Körper, als reine Biologie. Geist und Seele kommen in der heutigen westlichen Wissenschaft und Medizin zu kurz, wenn sie überhaupt noch auftauchen. Aber inzwischen sehen immer mehr Menschen, dass dies ein sehr verkürztes und daher auch defizitäres Denken ist. Wir sollten uns zumindest aufgeschlossen zeigen, wenn es heißt Dinge wahrzunehmen, die nicht so leicht messbar und daher untersuchbar sind.

Kommen wir zu den Konsequenzen, die unsere gesamte Gesellschaft verändern werden bzw. bereits dabei sind, es zu tun.

Zunächst einmal hat es eine Verschiebung gegeben dergestalt, dass Kinder nach künstlicher Befruchtung nicht mehr als Geschenk erlebt werden, sondern mehr und mehr als Produkt. An Produkte aber werden Qualitätsansprüche gestellt. Wer will schon etwas haben, in das viel Geld, Schmerzen, Hoffen, Bangen, Mühe und Aufwand investiert wurde, das dann nicht wenigstens gewissen Ansprüchen gerecht wird? Und so werden interne Messlatten aufgestellt. Gesund sollte es zumindest sein. Und wenn es geht, sollte es dann vielleicht auch gleich das „richtige“ Geschlecht haben. Oder es sollte als Zellspender seiner Schwester/seinem Bruder helfen können. Und wenn wir es uns schon aussuchen können, warum sollte es eigentlich nicht so aussehen, dass es im späteren Leben davon profitieren kann? Schließlich haben Studien ja gezeigt, dass schöne und schlanke Menschen leichter Erfolge haben. Das hat natürlich auch wieder Auswirkungen auf die individuellen Konsequenzen, denn von Kindern, die durch gezieltes Qualitätsmanagement entstanden sind, wird einfach ein bisschen mehr erwartet. Können sie die in sie gesteckten Erwartungen auch erfüllen? Steht ihr Leben unter dem Zeichen eines Erfolgsdrucks, der bereits vor der Einsetzung in den Mutterleib begann? Besondere Erwartungen brauchen nicht mal deutlich formuliert zu werden, Kinder spüren es, wenn von ihnen Außergewöhnliches erwartet wird.

Nun werden ja gerade in den USA – aber auch in anderen Ländern – weitere Techniken angewandt, die bei uns (noch!) verboten sind. Dazu gehören Eizellspende, Embryoadoption, Leihmutterschaft. Dies hat dort bereits dazu geführt, dass die „Zeugungsrohstoffe“ unter Marktbedingungen verkauft und gemakelt werden. Das heißt, den Preis der so wichtigen Rohstoffe regelt der Markt. Es gibt eine Spermabank für Superintelligente (Nobelpreisträger, Uni-Profs, Erfinder und Genies). Es gibt Kataloge für Eizellspenderinnen mit Video, ausführlicher Beschreibung der Persönlichkeit und die Chance, sich vorab einmal kennenzulernen. Können Sie sich vorstellen, eine Verabredung zu treffen mit der Frau, die zukünftig vielleicht die biologische Mutter Ihrer Kinder werden soll? Über was unterhält man sich da? In den Staaten verdienen junge Studentinnen ganz gut mit dem Geschäft mit ihren Eizellen. So um die 4000 Dollar pro Durchgang ist für viele offenbar akzeptabel für die Mühe und die Schmerzen bei der Eizellentnahme. Was die meisten jungen Frauen, die ihre Eizellen verkaufen, offenbar als nicht so wichtig erachten, ist, dass sie damit natürlich ihre eigene Gesundheit aufs Spiel setzen. Diese hohen Hormonmengen, die sie sich spritzen, um möglichst viele Eizellen reifen zu lassen (je mehr, umso besser, umso mehr Geld), sind wahrscheinlich nicht ungefährlich. Das betrifft natürlich auch Frauen, die für eine IVF selbst mit Hormonen versorgt werden. Eizellspenderinnen wird geraten, keineswegs öfter als fünf Mal zu spenden. Aber überprüft wird das nicht. Es hat bereits Fälle gegeben, dass sie ihren Körper derart schädigen, dass sie später, wenn sie selbst einmal Kinder haben möchten, sich Eizellen kaufen müssen, da ihre nicht mehr heranreifen oder die Eierstöcke durch die vielen Entnahmen vernarbt sind.

In der Praxis geht es in den Staaten noch einen Schritt weiter: Dort werden Migrantinnen, die als Hausmädchen in reichen Familien fest angestellt sind, nicht nur als Babysitter angestellt, sondern auch gleich als Leihmutter. Selbstverständlich gibt es auch Agenturen, die Leihmütter vermitteln. Die Agenturen regeln dann vertraglich exakt, wie oft oder ob überhaupt die Leihmutter die Kinder, die sie ausgetragen hat, besuchen darf oder ob sie lediglich ein Kärtchen zum Geburtstag schreibt. Viele Leihmütter fallen nach der Geburt, nach der sie das Baby sofort abgeben müssen, in schwere Depressionen. Das innere Band lässt sich eben doch nicht immer verhindern, auch wenn sie sich vielleicht darum bemühen. Aber das kümmert die Auftraggebereltern wenig. Dass auch das Kind unter dieser Situation leidet, wird leider überhaupt nicht thematisiert, obwohl es nach Erkenntnissen der pränatalen Psychologie auf der Hand liegt, dass dies das Fall ist. Und zwar zweifach: Zum einen wachsen sie in einer Mutter heran, die alles versucht, um sich innerlich nicht zu binden. Zum anderen werden sie nach der Geburt von der Kontinuität mit ihrer Austrägerin getrennt.

Es gibt auch immer wieder spektakuläre Fälle, dass sich die Eltern, die den Auftrag erteilt haben, während der Schwangerschaft der Leihmutter scheiden lassen und dann das Kind nicht mehr haben wollen. Will es auch die Leihmutter nicht und sind die Eizellspenderin sowie der Samenspender anonym, so ist das Kind offiziell elternlos. Solche Fälle hat es sowohl in San Francisco als auch in New York bereits gegeben. Oder es gibt den Fall, dass eine Leihmutter unter solchen Umständen über Zeitungsannoncen bereits in der Schwangerschaft neue Eltern für die Kinder, die sie austrägt, sucht. Doch im Normalfall liegen die Rechte stets bei den Auftraggebereltern, eine Leihmutter verliert vor Gericht immer, wenn sie versucht, das Kind doch selbst zu behalten.

Nun bleiben bei IVF-Versuchen ja oftmals Embryonen übrig. Sie werden „nicht mehr gebraucht", weil das Paar bereits in den ersten Versuchen Kinder bekommen hat. Was geschieht mit diesen Embryonen? Um die Lagerkosten zu umgehen, überlassen viele Eltern ihre Embryonen der Forschung. Oder aber sie geben sie zur Adoption frei, zur Embryo-Adoption. Und jetzt kommen wir langsam in den Bereich Supermarkt. Denn obwohl die Eltern ihre Kinder kostenlos abgeben, nehmen die Agenturen durchaus Gebühren. Ein Set „gebrauchter" bzw. übrig gebliebener Embryonen kostet bei der U.S. Agentur „Snow Flake" um die 4500 Dollar zuzüglich Einsetzungsgebühr in der Klinik ihrer Wahl. Was immerhin noch ein günstiges Angebot ist im Vergleich zu den Kosten, die anfallen, wenn Spermien und Eizellen gekauft werden. Oder im Vergleich zu Kuhembryonen von preisgekrönten Kühen. Da kommen leicht Kosten von 8400 Euro und mehr zusammen.

Der Reproduktionsmediziner Mark Sauer aus New York hatte in diesem Zusammenhang eine besonders clevere Geschäftsidee. Er stellt sozusagen Embryonen von der Stange her. Aus den überzähligen Eizellen seiner Praxis kreiert er mit Samen von der Samenbank unterschiedliche Prototypen. So „kreuzt" er blonde, blauäugige Samenspender mit den Eizellen einer ebensolchen Frau, um die Chancen auf ein ebensolches Kind zu erhöhen. Auch Embryonen dunkelhaariger Eltern hat er auf Lager. Mit 3000 Dollar orientiert er sich dabei am untersten Preisniveau. Andrea Böhm, die dies in ihrer ZEIT-Reportage aufdeckte, meint dazu: „Er (Sauer) hat nichts weiter getan, als die Prinzipien industrieller Produktion auf dem Fortpflanzungsmarkt einzuführen: serienmäßige Herstellung eines Luxusartikels für die Mittelschicht." Was das in Zukunft unter zu Hilfenahme von PID bedeuten kann, mag ich mir gar nicht ausmalen. Es wird wohl auf Embryonenkataloge hinauslaufen, in denen bestimmte „Extras" auch extra zu Buche schlagen. All dies ist keine Science Fiction, sondern bereits Realität.

Reproduktionsmediziner in Deutschland tun gerne so, als sei dies ganz weit entfernt von uns. Dass es in der Tat in Deutschland noch nicht so weit ist, haben wir dem Embryonenschutzgesetz zu verdanken, in dem ganz klar definiert ist, was erlaubt ist und was nicht. Doch seit Jahren versucht die Lobby der Reproduktionsmedizin verzweifelt dies Gesetz zu Fall zu bringen, lieber heute als morgen. Denn es winken enorme Vergütungen. Das „Familienbaugewerbe", wie es ein amerikanischer Jurist nannte, ist nämlich nicht nur ein Markt der unbegrenzten Möglichkeiten, sondern auch äußerst lukrativ (es geht um Milliarden-Beträge), und es schafft erst die Voraussetzungen, mit denen zum Beispiel Stammzelllinien hergestellt werden können. Denn ohne übrig gebliebene Embryonen ist vieles unmöglich.

Seit kurzem werden zum Beispiel die negativen Folgen der Mehrlingsschwangerschaften von Reproduktionsmedizinern propagiert. Selbst in Deutschland, wo aufgrund gesetzlicher Regelungen ohnehin nicht mehr als drei Embryonen gleichzeitig zurückgesetzt werden dürfen, plädieren Mediziner auf einmal dafür, „zwei reichen auch". Das macht hellhörig und misstrauisch. Woher kommt plötzlich der Umschwung in der Bewertung der Mehrlingsschwangerschaften? Haben die Reproduktionsmediziner ihr Gewissen entdeckt? Dies darf zumindest bezweifelt werden. Denn wer genauer hinsieht, erkennt zwei Gründe für diesen ebenso plötzlichen wie radikalen Sinneswandel.

1. Auf Kongressen und Tagungen werden die Vorzüge einer Weiterentwicklung des Embryos bis ins Blastozytenstadium (fünf Tage nach Befruchtung, das heißt fünf Tage im Brutkasten) angeführt. Dann nämlich könnte ein gezielteres „Qualitätsmanagement“, eine Vorauslese stattfinden, die ihrem Namen auch gerecht wird (Vorbereitung für routinemäßiges PID?). Dies soll zu einer Verbesserung der Einnistungschancen führen – eine Annahme, die allerdings bislang nicht durch Studien abgesichert ist. Zudem ist bislang nicht geklärt, welche Folgen eine solche längerfristige Kultivierung des Embryos außerhalb des mütterlichen Leibes hätte. Da kommen wir nahe an Bereiche, die unter dem Stichwort „künstliche Gebärmutter“ diskutiert werden. Es hat bereits Versuche gegeben, in denen Embryonen 14 Trage in einer solchen Maschine am Leben erhalten wurden. Dann wurde der Versuch wegen noch geltender Gesetzeslage abgebrochen. Die Forscher gaben zu Protokoll, sie seien zuversichtlich, in einigen Jahren ein Kind gänzlich in einer künstlichen Gebärmutter aufzuziehen.

Auch über dieses Thema habe ich ein Interview mit Ludwig Janus gemacht. Er meinte, dass der Ausfall, die Deprivation, auf der psychologischen, sozialen und Beziehungs-Ebene so total wäre, dass eigentlich davon auszugehen ist, dass ein Kind dann abstirbt. Diese Kinder haben in einer künstlichen Gebärmutter kein psychisches Nährmedium, in dem sie gedeihen können. Das ist es aber, was sie brauchen. Der Gesichtspunkt, dass wir als Menschen von Anfang an auf Beziehung angewiesen sind, ist auch früher im Umgang mit Frühgeborenen und der so genannten „programmierten Geburt“ sehr vernachlässigt worden. Es ist noch nicht lange her, da hatte man auch gedacht, man könnte Kinder im Krankenhaus isolieren. Aus der psychotherapeutischen Arbeit weiß man heute, wie verheerend sich das auswirken kann. Je jünger das Kind, das allein im Krankenhaus liegt, umso schlimmer sind die Folgen. In der künstlichen Gebärmutter wäre das in extremster Form so. Verlassenheitsängste, Einsamkeit, ja eine existenzielle Urangst wären die Folgen. Eine solche künstliche, emotionslose, technische Umgebung wäre ein völlig verzerrendes Milieu. Wir wissen aus der Hirnforschung, dass auch für die Hirnentwicklung emotionale Wachstumsreize notwendig sind, denn nur so können sich die entsprechenden Synapsen bilden. Wenn ein solches Wesen tatsächlich überleben würde, könnte es später nur in einem (emotionalen) Betonbunker leben und könnte keinerlei menschliche Nähe ertragen.

Interessant ist auch die Antwort von Janus auf meine Frage nach den möglichen Motiven der Forscher, die natürlich angeben, nur das Beste für Mutter und Kind zu wollen.

Er meinte: „Es ist eher wie ein Spielzeug für Männer nach dem Motto, ‚jetzt machen wir mal Menschen', so wie sie sich auch gesagt hatten, ‚jetzt machen wir mal Geburt'. Alles kontrolliert und gesteuert. Nur so funktioniert es nicht. Aber das Faszinosum Leben zu schaffen, so zu sein wie Gott, treibt offenbar noch immer viele Forscher an. Das Tragische daran ist, dass auf diese Weise Unmengen von Geld ausgegeben werden, das dann dort, wo es weitaus sinnvoller eingesetzt werden könnte – und wir haben Riesenprobleme – nicht mehr zur Verfügung steht."

Zurück zur Blastozyten-Kultivierung. Versuche mit Rinder- und Schafsembryonen verweisen auf erhöhte Fehlbildungen und Entwicklungsstörungen. Doch die Mediziner argumentieren mal wieder mit den „Vorteilen" für die Frau. Im Falle einer Blastozyten-Kultur könnte dazu übergegangen werden, der Frau lediglich zwei Embryonen einzusetzen, nicht drei wie bislang üblich. Dies würde die Gefahr von Mehrlingsschwangerschaften senken.

2. Gleichzeitig allerdings – und das vergessen die Reproduktionsmediziner zu erwähnen, obwohl es wahrscheinlich der ausschlaggebende Grund sein dürfte – wäre es nicht mehr möglich, Vorkerne einzufrieren, sondern dann müsste man dazu übergehen, Embryonen einzufrieren, was eine Änderung des Embryonenschutzgesetzes nötig machen würde. Das hätte dann allerdings auch den „Nebeneffekt", in Zukunft mehr „überzählige" Embryonen im Blastozytenstadium – denn in diesem Stadium werden die Stammzellen entnommen – zu haben. Dies würde für deutsche Forscher die Grundlagen schaffen, endlich auch eigene Stammzelllinien herzustellen. Bislang gibt es in Deutschland nur wenige „überzählige" Embryonen, da laut Embryonenschutzgesetz nur Vorkerne (der Samen ist zwar bereits in die Eizelle vorgedrungen, aber noch nicht mit ihr verschmolzen) eingefroren werden dürfen. In Deutschland gibt es zurzeit also zuwenig „überzählige" Embryonen, um eine eigenständige Stammzelllinie aufzubauen. Pro Stammzelllinie ist der „Verbrauch" von bis zu 200

Embryonen nötig. Noch sind die Forscher also auf Importe angewiesen. Auch deshalb wurde die Entscheidung des Bundestages, Stammzellen unter bestimmten Bedingungen importieren zu dürfen, von deutschen Forschern begrüßt, wenn auch unter Vorbehalt. Denn sind erst einmal genügend deutsche „überzählige Embryonen" vorhanden, sind die Voraussetzungen für verbrauchende Embryonenforschung und auch „therapeutisches Klonen" in Deutschland möglich. Dann wird es erneut Vorstöße geben, die Gesetzeslage anzupassen.

Doch bereits jetzt zeichnet sich ab, dass Forscher nicht unbedingt glücklich darüber sind, langfristig nur mit den aussortierten IVF-Embryonen zu forschen, deren Qualität generell als „schlecht" eingestuft wird. Auf einmal werden sogar Überlegungen laut, dass eingefrorene Embryonen sogar möglicherweise durch die Konservierungsflüssigkeit an Qualität eingebüßt haben. (Was die Reproduktionsmediziner allerdings nicht davon abhält, aufgetaute Embryonen munter weiter einzupflanzen!) Als nächster Schritt wird dann wohl die Forderung nach eigener Herstellung laut werden. Embryonen eigens zu Forschungszwecken herzustellen wird bislang noch international geächtet, obwohl es in den USA bereits durchgeführt wurde. In Zukunft werden wohl auch in diesem Fall Argumente gefunden werden, die dies als akzeptabel erscheinen lassen, vielleicht sogar mit Hinweis auf eine klare Trennung zwischen Fortpflanzungsembryonen und Forschungsembryonen. Denn dann bräuchten IVF-Paare nicht mehr zu befürchten, ihre Embryonen würden für Forschungszwecke verbraucht, anstatt ihr Wunschkind zu werden. Die Blastozyten-Kultivierung jedoch erweist sich, wie dargestellt, für IVF-Paare nicht als Heilsbringer, wie sie von Reproduktionsmedizinern „verkauft" wird, sondern eher als Trojanisches Pferd.

Und das ist leider öfter der Fall, wenn es darum geht, neue Technologien einzuführen. Es ist ein wenig so wie mit neuen Medikamenten. Häufig ist es ja so, dass Forscher ein neues Medikament entwickelt haben und dann erst geschaut wird, wer dies wohl brauchen könnte. Leider gibt es immer wieder Interessengruppen, die gefunden werden, die sich dann vor den Karren spannen lassen. Mit unredlichen Versprechungen wurden schon viele geködert. Es ist mir daher ein Anliegen, deutlich zu machen, welche Interessen hinter der Forderung nach Lockerung des Embryonenschutzgesetzes stehen. Noch wichtiger aber ist es mir, auf die Konsequenzen hinzuweisen, die bei einem leichtfertigen Einsatz künstlicher und technischer Methoden gerade bei der Erschaffung von Menschen kaum zu vermeiden sind. Das sind Folgen, die geradezu mit zur Methode gehören. Reproduktionsmedizin ist in den letzten Jahren immer mehr gesellschaftlich akzeptiert worden. Es ist inzwischen weltweit bereits ca. eine Million Menschen auf diese Weise auf die Welt gekommen. In Zukunft werden es immer mehr werden. Nicht weil die Methode immer besser wird, sondern hauptsächlich, weil immer mehr Paare auf den Einsatz von Technik zurückgreifen, um ein Kind zu bekommen. Ich wünsche mir, dass sie in Zukunft besser aufgeklärt werden, was sie sich selbst und ihren zukünftigen Kindern antun. Denn ein Start im Labor ist ein denkbar schlechter Start in die Welt. Wollen wir unseren Kindern diese Hypothek tatsächlich zumuten? Wollen wir als Gesellschaft zuschauen, wie immer tiefgreifender in den Anfang des Lebens eingegriffen wird? Wollen wir, dass der Lebensanfang Marktgesetzen unterliegt, dass reine Funktionalität das Geheimnis der Menschwerdung überdeckt? Oder wollen wir darauf einwirken, dass sich die Gesellschaft wieder auch der geistigen und seelischen Komponenten der Menschwerdung bewusst wird? Denn wenn wir uns in eine Dimension begeben, die über rein biologische Abläufe hinausgeht, dann dürfte sehr schnell klar werden, dass wir unseren zukünftigen Kindern bessere Startchancen geben sollten, und sei es das Einverständnis, dass sie vielleicht – unter den gegebenen Umständen – gar nicht kommen wollen. Wenn wir uns öffnen können für den Zauber der Geburt, so sollten wir uns auch öffnen für den Zauber der Welt, die davor liegt, für den Zauber des Entstehens, der mehr ist als eine chemisch-biologische Reaktion. Wenn wir nicht wollen, dass in nicht allzu ferner Zeit Menschen am Fließband hergestellt werden und vielleicht von Maschinen ausgetragen werden, dann ist es jetzt höchste Zeit innezuhalten. Am Beispiel der pränatalen Diagnostik können wir sehen, wie schwer es ist, einen einmal entwichenen Geist in die Flasche zurückzubekommen. Oft ist es auch gar nicht mehr möglich wieder zum Ausgangspunkt zurückzukehren, aber wir sollten nicht müde werden, auf verhängnisvolle Entwicklungen mit Nachdruck hinzuweisen. Oftmals erscheint mir die Übermacht der Pharmalobby, der Ärztelobby, übergroß, aber auch kleine Pflänzlinge wachsen oft zu erstaunlich großen und kräftigen Bäumen heran.

Kapitel 5

Schwangerschaft heute – ein Risiko?

Im heutigen Schwangerschaftsbetreuungsmodell sind Schwangere nicht mehr „guter Hoffnung“. Unzählige Kontrolluntersuchungen vermitteln zwar vordergründig das Gefühl von Sicherheit und Machbarkeit. Was aber ist, wenn eine „kleine Unregelmäßigkeit“ entdeckt wird? Das setzt eine Angstspirale in Gang, an deren Ende nicht selten die operative Beendigung der Schwangerschaft steht. Was dabei nur selten beachtet wird, ist eine Vermutung, die inzwischen selbst immer mehr Geburtshelfer selbstkritisch äußern: Durch die Störung der intuitiven Mutter-Kind-Beziehung in der Schwangerschaft schafft sich unser medizinisches Überwachungsmodell Gefahren, die nicht von der Mutter oder vom Kind ausgehen, sondern die systemimmanent sind.

Die Sozialwissenschaftlerin Dr. Eva Schindele beobachtete eine Entfremdung zwischen Mutter und Kind, die sich um so mehr ausprägt, je mehr Tests zur Verfügung stehen: „Frauen verknüpfen oft hohe Erwartungen mit dem Besuch beim Gynäkologen: Er ist es, der ihnen ein gesundes Kind zu garantieren scheint – natürlich nur, wenn sie, die Frauen, sich in seine Obhut begeben.“[79]

Dabei wird von Medizinerseite immer wieder beteuert: Schwangerschaft ist keine Krankheit, sondern ein natürlicher Lebensprozess. Trotzdem erscheint es ihnen folgerichtig, diesen Lebensabschnitt immer sorgfältiger und intensiver auf Normabweichungen und krankhafte Veränderungen hin zu durchleuchten. Inzwischen hält der „Mutterpass“ über 52 Risikokriterien bereit, die allesamt eine engmaschige Überwachung der Frau rechtfertigen. In den letzten zwanzig Jahren haben die ärztlichen Leistungen rund um Schwangerschaft und Geburt um 500 Prozent zugenommen. Mit der Diagnose

„Risikoschwangerschaft" müssen heute zwischen 40 und 70 Prozent (je nach Bundesland und Stadt) aller Schwangeren zurechtkommen. Die Einstufung als Risikoschwangere kann für Frauen, die mit der Grenzerfahrung Schwangerschaft erst einmal auch seelisch ins Reine kommen müssen und für die eine Neudefinition ihres Selbstbildes ansteht – von Frau zur Mutter –, fatale Folgen haben. Angst und Panik sind nie gute Begleiter, in der Schwangerschaft erst recht nicht. Selbst die kleinste diagnostizierte Unregelmäßigkeit – und sei sie so „harmlos" wie der gemurmelte Halbsatz beim Ultraschall: „Der Kopf ist aber ziemlich groß" – schraubt die Angst-Kontroll-Spirale in die Höhe: „Das müssen wir im Auge behalten, vielleicht lassen Sie sich mal im Krankenhaus untersuchen, die haben ein noch besseres Ultraschallgerät." Schon hat sich die Angst bei der Frau eingenistet und beeinträchtigt das Gefühl für ihr Kind und ihren Körper: „Dies kann zu einem neuen Risikofaktor in der Schwangerschaft werden, das heißt, die risikoorientierte Schwangerenvorsorge kann Gefahren nicht nur in sehr seltenen Fällen abwenden, sondern sie erzeugt durch ihre Haltung gegenüber Schwangeren selbst Risiken", so Schindele.[80] Viele Schwangere werden allerdings unberechtigterweise beunruhigt, denn die Fehlerquote bei Testergebnissen liegt hoch. „Wer suchet, der findet auch", diese Volksweisheit lässt sich leider auch auf die Perinataldiagnostik anwenden. Je mehr Tests, desto mehr Risikoschwangere. Auch die zunehmende Dichte der Arztpraxen treibt die Risikoschwangerschaften und Geburtskomplikationen in die Höhe, wie Untersuchungen aus dem Saarland belegen. Dahinter stehen nicht selten handfeste wirtschaftliche Gründe, denn erst technische Leistungen lassen beim Arzt die Kasse klingeln.

Lohnenswert ist ein Vergleich mit unseren Nachbarländern. Beispielsweise beträgt die Rate der Risikoschwangerschaften in Holland nur 20 Prozent – landesweit. Auch aus skandinavischen Ländern sind ähnlich niedrige Zahlen bekannt. Auffällig ist hier, dass sich das System der Schwangerenvorsorge deutlich vom deutschen unterscheidet. In Holland leisten Hebammen die Schwangerenversorgung, nur in begründeten Ausnahmen wird ein Arzt hinzugezogen. Kontiunität wird großgeschrieben. Dieselbe Hebamme, die eine Schwangere durch die Schwangerschaft begleitet hat, übernimmt auch die Betreuung während der Geburt – in 30 Prozent sogar zu Hause. All dies ist dort selbstverständlich und auch die Säuglingssterblichkeitsraten – die deutsche GynäkologInnen stets als Grund für die zahlreichen „Check-ups“ angeben – sind dort nicht höher als bei uns.

Ist es in Deutschland denn gefährlicher, ein Kind zu bekommen, als in Holland? Oder ist es vielleicht gar „sicherer“, weil GynäkologInnen „aufpassen“, dass nichts passieren kann? Christine Wischer, ehemals Bremer Senatorin für Frauen, Gesundheit, Jugend, Soziales und Umweltschutz, betrachtet die Sicherheitsversprechen der Ärzte als zweischneidiges Schwert: „Durch vorgeburtliche Diagnostik wird heute oft die Erwartung geweckt, dass durch sie so etwas wie die Garantie für ein gesundes Kind gegeben wird. Die Natur wird zunehmend als Handicap gesehen, von dem wir uns mit Hilfe medizinischer Technologien befreien können. Doch dies ist ein Trugschluss. Denn trotz ausgereifter medizinischer Diagnostik in der Schwangerenvorsorge klafft nach wie vor eine große Lücke zwischen diagnostizierbaren Störungen und Erkrankungen und den Möglichkeiten, diese überhaupt zu behandeln.“[81] Beispiel Erbkrankheiten. Jeder Frau über 35 Jahren wird heute von ihrem Frauenarzt empfohlen, ihr Baby durch eine Fruchtwasserentnahme auf ein mögliches Down-Syndrom (auch Trisomie 21 genannt, früher als Mongolismus bezeichnet) durchchecken zu lassen; so steht es in den Mutterschaftsrichtlinien. Noch in den siebziger Jahren war das anders. Damals weigerten sich viele Gynäkologen sogar, diese Untersuchung anzubieten, da sie damals davon überzeugt waren, dass ein genetischer Check-up von Feten unethisch sei. Erst durch Einflussnahme seitens der HumangenetikerInnen wurde der Hinweis auf die Fruchtwasseruntersuchung in die Mutterschaftsrichtlinien aufgenommen. Inzwischen wird dieser Eingriff fast routinemäßig durchgeführt, teilweise auch deshalb, weil Frauen meinen, dadurch besonders verantwortungsvoll zu handeln. Prävention hat allerdings auch Konsequenzen, die nicht sogleich ersichtlich sind, wie die Dipl. Theologin Margaretha Kurmann beschreibt: „Prävention als frühzeitige Verhinderung von Krankheit und Behinderung erscheint unverdächtig: Prävention kann doch nur gut sein! Aber Prävention ist geknüpft an die Vorstellungen von Gesundheit einerseits und Behinderung andererseits. Somit ist Prävention immer neben Hilfe auch soziale Kontrolle. Mit vorgeburtlicher Diagnostik wird – präventiv – die Leibesfrucht und damit die schwangere Frau kontrolliert und an Normalität angepasst.“[82]

Die wenigsten Frauen wissen, dass durch eine Fruchtwasseruntersuchung die Gefahr, ihr (gesundes) Kind zu verlieren, statistisch höher liegt (nämlich 1:100) als das Risiko, tatsächlich ein Kind mit Down-Syndrom zu gebären (hier liegt das statistische Risiko – für Frauen mit 35 Jahren – bei 1:386). Die Entscheidung für oder gegen den Test ist jedoch auch deshalb so schwer, weil die gesellschaftliche Schuldzuweisung für ein behindertes Kind bei der Mutter liegt, die einen solchen Test nicht machen ließ. Frauen mit behinderten Kindern sind inzwischen „selbst dran schuld". Die Meinung „heute braucht man doch kein behindertes Kind mehr zu bekommen", ist keine Seltenheit mehr. Zunehmend erleben Frauen den sozialen Druck, der sie zu einer Fruchtwasseruntersuchung drängt, als unangenehm. Aus ihrer Beratertätigkeit bei Cara, einer Beratungsstelle zur vorgeburtlichen Diagnostik in Bremen, weiß Margaretha Kurmann, dass Frauen mit der Entscheidung zum genetischen Check-up letztlich allein gelassen werden: „Frauen bringen in der Beratung immer wieder ein, wie sie von ihrem sozialen Umfeld – und das sind du und ich – zur Inanspruchnahme der Fruchtwasseruntersuchung gedrängt werden. Es wird an ihre Vernunft appelliert, Ängste vor einer ungewissen Zukunft werden geweckt oder einfach gutmütig deutlich gemacht: ‚Das musst du aber selbst wissen.' Nicht nur die werdenden Mütter wünschen sich pflegeleichte Kinder, die Menschen im sozialen Umfeld der Frauen – werdende Väter, Freundinnen, ArbeitskollegInnen etc. – wünschen sich auch pflegeleichte Mütter."[83]

Selbst die beste Diagnostik kann kein durch Down-Syndrom geschädigtes Kind heilen. Der einzige Ausweg – von dem ÄrztInnen meist wie selbstverständlich ausgehen – ist die Abtreibung. Allerdings kann eine relativ zuverlässige Amniozentese (Fruchtwasseruntersuchung) erst in der 15. bis 18. Schwangerschaftswoche durchgeführt werden. Nach der Untersuchung dauert es wiederum zwei bis vier Wochen, bis die Ergebnisse vorliegen. In dieser Zeit ist die psychische Belastung der Frau hoch, und die Mutter-Kind-Beziehung kann gestört werden, da sich Frauen als Schutzreaktion gedanklich erst dann voll auf ihr Kind einstellen wollen, wenn sie sicher sind, dass es gesund ist und sie es auch austragen werden. Dabei darf nicht vergessen werden, dass hierbei überhaupt nur ein relativ geringer Prozentsatz angeborener Fehlbildungen erkannt werden kann. Was aber ist, wenn tatsächlich ein Chromosomenschaden diagnostiziert wird? In einigen Fällen kann dann die Schwangerschaft schon bis zur 22. bis 24. Woche fortgeschritten sein. Ein Abbruch in diesem späten Stadium ist besonders problematisch, denn das Kind ist bereits lebensfähig. Das heißt, Kinder, die in diesem Alter zu früh zur Welt kommen, würden unter „normalen" Umständen intensivmedizinisch von Neonatologen versorgt. Um diesen „Komplikationen" aus dem Weg zu gehen, wird inzwischen auch in einigen deutschen Kliniken das behinderte Kind noch im Mutterleib durch eine Spritze getötet, um dann als Totgeburt (denn es handelt sich bereits um eine Geburt, die durch wehenfördernde Mittel eingeleitet wird) in die Statistik einzugehen. Dieser Fetozid ist nach der Neuregelung des Paragraphen 218 (die zeitliche Begrenzung fällt bei der medizinischen Indikation weg) als „medizinische Indikation" zu rechtfertigen, wenn auch in einer gewissen rechtlichen Grauzone. Da aufgrund des Zeitdrucks die Entscheidung zur Beendigung der Schwangerschaft meist in ein paar Tagen gefällt werden muss, stehen Frauen nach dem Eingriff „vor dem Nichts". Oft hatten sie weder vor noch nach dem Eingriff die Möglichkeit, eine psycho-soziale Beratung in Anspruch zu nehmen. Aus einer Routineuntersuchung ist plötzlich ein Alptraum geworden, auf den weder Frau noch Partner vorbereitet waren.

Aus diesem Grund empfehlen Humangenetiker eine umfassende vorhergehende Beratung über Ziel und Zweck der Fruchtwasseruntersuchung. So auch die Humangenetikerin Prof. Dr. med. Sabine Stengel-Rutkowski: „Man muss, bevor man es tut, mit den Eltern reden. Wenn man da spart, kann es wegen der Konsequenzen sehr gefährlich werden. Die Amniozentese ist keineswegs eine selbstverständliche Vorsorgeuntersuchung. Und da fehlt es bei den Gynäkologen häufig an sensitiver Aufklärung über die Methode. Eltern müssen in der Lage sein, frei zu entscheiden und deshalb auch sagen zu können: ‚Nein danke, ich möchte keine Untersuchung'. Wenn da ein stillschweigender Konsens entsteht, dass wir alle sowieso wissen, was richtig ist, dann ist das ein Zeichen, um sehr hellhörig zu sein über den Gebrauch der Methode, denn dann ist es schon fast ein Missbrauch. Das geht sehr nahe an die Eugenik heran."[84]

Letztlich müsse sich das gesellschaftliche Verständnis von Behinderung ändern, so Stengel-Rutkowski. Eine Integration behinderter Kinder in unser Leben sei der beste Schutz vor Abtreibung. Erst dann habe eine Frau die Perspektive, sich wirklich frei für oder gegen eine Diagnose zu entscheiden.

Entscheidungen sind aber auch schon bei viel „harmloser" erscheinenden Vorsorgeuntersuchungen angebracht. Auch der heute so beliebte und allumfassend eingesetzte Ultraschall ist nicht unumstritten. In der Schweiz wird ein Vorsorge-Ultraschall in einer gesunden Schwangerschaft seit 1996 von der Krankenkassen-Grundversorgung nicht mehr bezahlt. Lediglich bei konkreten Schwangerschaftsproblemen wird der Ultraschall eingesetzt. Hintergrund dieser Entscheidung war unter anderem, dass sich der Nutzen des Routine-Ultraschalls wissenschaftlich nicht belegen ließ. Anhand einer Metaanalyse von fünf randomisierten Studien an insgesamt über 30 000 Schwangerschaften konnte nachgewiesen werden, dass die Anzahl von gesunden Neugeborenen sowie die Anzahl von Babys mit Gesundheitsproblemen und die Zahl notwendiger Intensivbehandlungen sowohl mit als auch ohne Routine-Ultraschall gleich war. Die Wissenschaftler zogen aus diesem Ergebnis den Schluss, dass ein Verzicht auf den Routine-Ultraschall für Mutter und Kind kein gesundheitliches Risiko bedeute.[85] Ein australisches Forscherteam unter der Leitung von John Newnham stellte sogar eine Korrelation zwischen häufiger „Beschallung" (fünfmal und häufiger) eines Föten und einem niedrigeren Geburtsgewicht fest, was Hinweise auf Wachtumsstörungen im Mutterleib gibt. Bewiesen ist deshalb eine Schädlichkeit des Ultraschalls nicht, allerdings gibt der Arzt und ehemalige WHO-Repräsentant Marsden Wagner zu bedenken, dass es auch 50 Jahre gedauert habe, ehe die Schäden von Röntgenstrahlen nachgewiesen werden konnten.

Trotz gelegentlicher Warnungen ist der Ultraschall heute aus einer regulären Schwangerschaftsbetreuung fast nicht mehr wegzudenken. Schindele verweist auf den Volksbelustigungscharakter, den Ultraschallbilder haben können: „Der Ultraschall gehört heute zum Schwangersein wie früher das Mützenhäkeln oder das Jäckchenstricken. Im Geburtsvorbereitungskurs und im Freundeskreis werden die Bildchen herumgezeigt. Besonders toll ist es natürlich, ein Video von seinem Kind zu haben."[86]

Abgesehen von der Gefahr der Fehlinterpretation (nicht selten wird aufgrund eines Ultraschallverdachts auf kindliche Erkrankungen die Geburt eingeleitet oder es wird ein vorzeitiger Kaiserschnitt gemacht, der sich im Nachhinein – also nach der Geburt – als falsch erweist) ändert die Ultraschallpraxis sowohl die innere Beziehung von Mutter und Kind, aber auch von Arzt und Patientin. Der Arzt ist nicht mehr auf Schilderungen seiner Patientin angewiesen, er kann selbst nachschauen: „Die ‚ärztliche Orientierung' erfolgt anhand des ‚objektiven'

Monitorbildes, das den Embryo sichtbar macht und zugleich die Frau aus dem Blick des Betrachters verschwinden lässt", kritisiert Schindele. Damit wird einerseits die Machtposition des Arztes gestärkt, andererseits wird so auch die Distanz zur Patientin vergrößert, die mehr und mehr in die Rolle einer Datenlieferantin gedrängt wird. In dem Maße, in dem ihren subjektiven Empfindungen bei der ärztlichen Vorsorge ein immer geringerer Wert beigemessen wird (die ärztliche Frage: „Wie geht's Ihnen denn?", ist nur mehr reine Begrüßungsfloskel und wird auch als solche empfunden), traut sie auch selbst immer weniger dem, was sie spürt. Erst der Blick auf den Monitor bringt (vermeintliches) Wissen. Verloren geht dabei unter Umständen die innere Verbundenheit zwischen Mutter und Kind.

Auch aus ethnomedizinischer Sicht wird beklagt, dass die medizinischen Untersuchungsprozeduren in unserer Gesellschaft an die Stelle schwangerschafts- und geburtsbegeitender Rituale und Bewusstseinsinhalte, wie sie aus traditionellen Kulturen bekannt sind, getreten sind. Der Arzt Ulrich Geibel-Neuberger widmete seine Forschung diesem Thema und kommt dabei zu dem Schluss: „Das Medizinsystem übernimmt als Teil unserer Kultur die Regie in diesem Prozess des Elternwerdens. Aus seinem medizinischen Blickwinkel heraus bewertet es das ganze Geschehen, verteilt aktive und passive Rollen, legt fest, wer Akteur und wer Zuschauer ist. Dabei wird verkannt, dass der Familien- und Freundeskreis für die Interaktion mit dem Kind auf Dauer von unvergleichlich größerer Bedeutung als das Medizinsystem ist."[87]

Es gibt aber auch andere Wege der Schwangerenvorsorge, die psycho-soziale Faktoren der Schwangeren besser berücksichtigen.

Betreuung durch Hebammen in der Schwangerschaft

Ähnlich wie in Holland wurden inzwischen auch in Deutschland Hebammenpraxen gegründet, die Frauen eine kontinuierliche Vorsorge und Geburt (zu Hause oder in einem Geburtshaus) ermöglichen. Die Hebammenpraxis Bremen war 1988 eine der ersten bundesweit, die diesen Weg beschritten hat. Kernstück des Konzepts ist der Dialog zwischen Hebamme und Frau beziehungsweise Paar. Dazu gehört das

Wahrnehmen der schwangeren Frau in ihrem individuellen Prozess und sozialen Gefüge. „Damit liegt unserer Arbeit das Verständnis zugrunde, dass Schwangerschaft zunächst einmal ein völlig normaler weiblicher Lebensprozess ist, in dem eine Frau zur Mutter wird und ein Fetus zum Kind heranwächst“, erklärt Gründungsmitglied Anne Wallheinke.[88] „Bei diesem Verständnis ist das Risiko die Ausnahme. Risiko ist zwar eine Möglichkeit, jedoch nicht unsere Grundannahme. Wir negieren nicht den medizinischen Aspekt der Schwangerschaft (es werden alle Untersuchungen laut Mutterschaftsrichtlinien angeboten), orientieren uns jedoch in erster Linie am Befinden der Frau. Gleichzeitig fördert dies die Eigenverantwortlichkeit der schwangeren Frauen in ihrer Selbstwahrnehmung und lässt sie mündig sein. Dadurch haben wir bedeutend weniger Risikoschwangere und Frühgeburtsbestrebungen.“ Die Hebammen bieten Wege an, keine vorgefertigten Lösungen. Sie sehen sich selbst als Vermittlerinnen und geben Hilfestellung im Erkennen des eigenen Potentials zwischen wirklichen Bedürfnissen und medizinischer Notwendigkeit.

Freilich kommt es in der Praxis immer wieder zu so genannten „Autoritätskonflikten“. Denn eine Schwangere muss sich prinzipiell entscheiden zwischen einer Hebammenbegleitung und dem gängigen, ärztezentrierten, medizinischen Vorsorgeprinzip. Allerdings arbeitet die Hebammenpraxis auch mit ausgewählten Gynäkologen zusammen, und es besteht auch die Möglichkeit, sich im Wechsel von Gynäkologe und Hebamme untersuchen zu lassen. Anne Wallheinke weiß aber auch, dass es Schwangeren nicht immer leicht fällt, Vertrauen in ein anderes Versorgungsmodell zu entwickeln, weil das medizinische Modell in Deutschland seit Generationen fest etabliert und Norm ist: „In ihrem sozialen Umfeld wird die Schwangere zwangsläufig mit dieser Unterschiedlichkeit konfrontiert, was sie wieder zurückwerfen kann auf das Bedürfnis nach maximaler Sicherheit, dem Wunsch, sich aus der Hand zu geben, sich einer höheren Instanz zu überlassen, dem Wunsch nach Kontrolle des eigenen Seins und für gut befunden werden zu wollen.“ Letztlich muss jede Frau für sich entscheiden, wobei sie sich selbst sicher fühlt, denn Vertrauen und Sicherheit sind wesentliche Faktoren für eine komplikationsfreie Schwangerschaft und Geburt. Allerdings ist es auch an der Zeit, die bestehende medizinisch orientierte Schwangerenbetreuung in Frage zu stellen. Denn zur Sicherheit gehört mehr als Bilder auf dem Ultraschallgerät, Laborwerte und der Ausdruck des Wehenschreibers. Es ist Zeit, dass wieder die Frau selbst Mittelpunkt ihrer Schwangerschaft wird.

Die selbstständige Hebamme Silke Gieseler meint dazu: „Eine normale Geburt bedarf keiner Medizin. Da, wo Medizin notwendig wird in einer Geburt, liegt ein medizinischer Notfall vor. Eine Schwangerschaft, die nicht gestört wird, ist allerdings in über 90 Prozent der Fälle nicht krank, sondern – Gott sei Dank – ein ganz gesunder, sehr erfreulicher Zustand." In der Schwangerschaftsvorsorge sieht Gieseler das Gespräch als eine der wichtigsten Komponenten, etwas, was in der heute vielfach praktizierten Schwangerenvorsorge durch Gynäkologen leider viel zu kurz kommt. Sicherlich bieten Hebammen auch sämtliche vorgeschriebenen Mutterpassuntersuchungen an, jedoch das A und O einer gelungenen Begleitung liege darin, „Frauen Anleitung zu geben, um ihr Körpergefühl, ihre Leiblichkeit, ihr oftmals medizinisch gestörtes Vertrauen in die Gesundheit von sich selbst und ihrem Kind wiederherzustellen bezw. weiter zu festigen." In erster Linie steht für die erfahrene Hebamme die Wahrnehmung der Frau als ganzer Mensch im Vordergrund. „Die Hebamme sollte im Idealfall in Verbingung mit dem Partner der Schwangeren Raum zum Wachsen geben und ihr Selbstvertrauen stärken, um loslassen zu können." Eine gute Bindungsbeziehung von Mutter und Kind während der Schwangerschaft trägt wesentlich dazu bei, das notwendige Loslassen bei der „Ent-bindung" zu erleichtern. Eine gute „Ent-bindung" jedoch geht wiederum mit einer guten nachgeburtlichen Bindung einher. Gieseler verweist auch auf den großen – heute leider kaum geachteten – Wert des Wochenbetts. In den Wochen nach der Geburt, in der Mutter und Kind sich ineinander verlieben, sollte daher die Frau, die Großes geleistet hat – schließlich hat sie mit ihrem Körper ein neues Leben ermöglicht und genährt –, verwöhnt werden. Dies sei nicht die Zeit, wieder möglichst schnell zu funktionieren und topfit und gestylt Besucherscharen zu bewirten. Silke Gieseler empfiehlt schwangeren Frauen: „Ich möchte Frauen raten, sich im Vorfeld intensivst, mit ihrer ganzen weiblichen Kraft, im Vertrauen auf ihr Fühlen und ihr inneres Erleben auf die Geburt vorzubereiten. Dazu braucht es Ruhe, Rückzug und Zeit, alles Qualitäten, die heute wie Fremdwörter erscheinen und doch so elementar wichtig sind, um das Nest zu bereiten."

Hebammen unterstützen Frauen dabei und sie tun gut daran, ihr eigenes Tun zu minimieren, wie Gieseler meint: „Die größte Fähigkeit, die wir Geburtsexperten entwickeln sollten, ist meines Erachtens Nicht-Tun. Achten. Obacht geben. Lassen.“

Ihre Arbeit mit den Schwangeren beschreibt sie so:[89]

„Ich schaue also: In welcher Verfassung ist die Frau? Wie ist ihre Körperhaltung, ihre Körperspannung, wie ist ihr Händedruck oder ihre Umarmung, wie ihre Hautfarbe und wie wirkt sie allgemein auf mich? Wie ist ihr momentaner Gemütszustand und wodurch ist der bedingt? Weitergehend: Wie ist ihr psycho-soziales Umfeld, was läuft da zwischenmenschlich mit den ihr nahestehenden Menschen oder den Arbeitskollegen und was verändert sich da im Laufe der Schwangerschaft? Häufig stehen ja gerade in der Schwangerschaft Umzüge, Ausbauten, Weiterbildungen oder berufliche Veränderungen der Frauen oder ihrer Partner an.

Um einen Menschen zu verstehen, auch in seinem Kern zu erfassen, um ihm anschließend ganz individuell den Rücken stärken zu können, ist es von entscheidender und unabdingbarer Bedeutung, sein Umfeld, seinen Lebensbereich kennenzulernen.

Für viele Menschen ist das in dieser Zeit der zunehmenden Anonymität und persönlichen Kontaktarmut befremdlich und wird häufig nach den ersten wundersamen Unsicherheiten mit Freuden angenommen, wie ich immer wieder feststellen kann. Gleiches ist zu beobachten bei der Berührung. Es sollte keine Hebamme die Berührung scheuen. Unsere Art der Untersuchung unterscheidet sich noch ganz körperbezogen von der technischen und daher kalten Untersuchungsart des Ultraschalls (nicht nur das Gel ist kalt), indem wir den Bauch der Schwangeren berühren. Jede Hebamme hat zum Glück noch die Leopoldschen Handgriffe gelernt, anhand derer sie sich einen Überblick verschaffen kann über Wachstum, Größe und Lage des Kindes. Außerdem sind wir im Besitz des altbewährten Hörrohrs zum Hören der kindlichen Herztöne, dessen einfache Funktionalität nie einem technischen Defekt unterliegt. Wie ich gehört habe, lernen an einigen Schulen die Hebammenschülerinnen nicht mehr das Hören mittels Hörrohr, was sehr zu bedauern ist. Die meisten Hebammen allerdings, die freiberuflich in der Geburtshilfe tätig sind, und dazu zähle auch ich, besitzen zusätzlich einen Sonicaid und/oder ein CTG. Das sind Geräte, bei denen die Eltern auch den Herzschlag akustisch mithören können, und das ist in dieser Zeit der juristischen Klagen leider auch nahezu unumgänglich geworden.

Die eigentlich traditionellen Aufgaben einer Hebamme – zuhören, fühlen, erkennen, stärken und begleiten – stehen im Gegensatz zu der zunehmenden Medikalisierung, den damit verbundenen Störungsängsten und nachfolgend den juristischen Problemen. Viele Hebammen sehen sich daher diesem enormen Druck zu Recht nicht mehr gewachsen und arbeiten in anderen Berufen oder im Bereich des Hebammenwesens, das die Geburt als wesentlichen Kern unserer Arbeit nicht mehr mit einschließt (hauptsächlich Nachsorge).

Im Gegensatz zur Schwangerenvorsorge ist den meisten Leuten der Geburtsvorbereitungskurs, auch verschrien als Hechelkurs, eher geläufig als Aufgabenfeld der Hebamme. Allein das Wort „Hechelkurs" oder „Elefantenturnen" beinhaltet schon ein wenig die Vorstellung, dass hier die Technik der Geburt gelernt werden kann oder eine besondere Fitness für die Geburt vonnöten sei, und es drückt zudem aus, dass vor diesem Hintergrund natürlich die meisten Unaufgeklärten dieses ganze Unterfangen ziemlich lächerlich finden. Vor allen Dingen werdenden Vätern stellt sich dieser Kurs häufig als notwendiges Übel zur Zufriedenstellung der drängelnden Partnerin dar, bei dem dann sieben Wochen lang auf den weitaus beliebteren Skatabend oder Ähnliches verzichtet werden muss. Dabei sollte Geburtsvorbereitung u. a. die Vorbereitung auf das Elternwerden wenigstens ansatzweise mit einschließen und den Mann auf seine Rolle als Partner bei dem ganzen Geschehen und anschließend als Vater vorbereiten. Unvorbereitete Männer im Kreißsaal können eine Katastrophe sein (verängstigte Partner, die sich zum Selbstschutz hinter einer Zeitung verbergen, während die Frau in heftiger Wehenarbeit ist, stören den Geburtsablauf durch ihr Sich-Ausklinken eher, als dass sie förderlich sind). Im übrigen sollte von Männern nicht erwartet werden, dass sie zweite Mütter sind; sie sollten sich vielmehr damit auseinandersetzen, wie und in welcher Form sie ihre Rolle als Partner und dann auch Vater erfüllend und verbindend wahrnehmen können. Dazu gehört übrigens nicht unbedingt, auf Biegen und Brechen bei einer Geburt körperlich anwesend zu sein."

Was kann bei Risikoschwangerschaften getan werden?

Auch wenn die Definition einer Risikoschwangerschaft umstritten ist, wenn heute viel zu schnell eine Schwangerschaft mit dem Terminus des Risikos versehen wird, so kann es natürlich tatsächlich zu einer Risikoschwangerschaft kommen. Frühzeitige Wehenbestrebungen sind ein Beispiel. Eine ausschließlich medikamentöse Behandlung (durch wehenhemmende Medikamente beispielsweise) führt leider nur selten zum Erfolg. Selbst Hardliner der Schulmedizin suchen inzwischen händeringend nach alternativen Behandlungsweisen. Solche sind möglich, wenn sich der behandelnde Gynäkologe auf die individuelle Situation der Schwangeren einlässt. So können die Ursachen aufgedeckt werden, die letztlich zu vorzeitigen Wehen geführt haben. Positive Erfahrungen mit dem Wert eingehender Gespräche zur Ursachenforschung hat die Hamburger Gynäkologin Christine Schulz-Züllich in den letzten Jahren gemacht.[90] Bereits während ihrer Zeit als Assistenzärztin an einer Großklinik nahm sie sich die Zeit, mit betroffenen Frauen zu sprechen. Sie fand dabei heraus, dass die Einlieferung in die Klinik nicht die „Ruhe und Entspannung“ brachte, die von Ärzten mit als Grund für die Einweisung angeführt wurde: „So fanden wir heraus, dass im Durchschnitt 63 mal in 24 Stunden jemand ins Zimmer kam, um Essen, Medikamente zu bringen, Putzdienste zu verrichten, Visiten zu absolvieren, zum CTG abzuholen, Besuche usw. Von Ruhegefühl sprechen diese Frauen nicht. Dazu kam der extrem verschobene Kliniktagesablauf (Wecken 5.30), der einen normal lebenden und arbeitenden Menschen schon allein völlig aus dem Rhythmus bringen kann.“[91] Auch die Gedanken, was zu Hause wohl alles schief laufen könnte, trug zu einer eher gesteigerten Unruhe bei, die zusätzlich von der Wirkung des Medikaments Partusisten (das Wehen mindern soll, allerdings nicht die gewünschten Erfolge liefert und zudem schwere Nebenwirkungen hat) noch verstärkt wurde. Die Antwort darauf hieß zu häufig: Valium – was natürlich die Sorgen auch nicht aus der Welt schaffte.

In langen Gesprächen berichteten schwangere Frauen Christine Schulz-Züllich immer wieder von einem Gefühl des ZUVIELs. Zu viel Arbeit, zu viel Stress, zu wenig Entlastung und Rücksichtnahme auf ihren Zustand als Schwangere, hohe Belastung durch Kinderbetreuung, Ängste vor der Geburt, zu hohe Erwartungshaltungen an sich selbst (nicht alles so zu schaffen, wie es von ihr erwartetet wurde), partnerschaftliche Konflikte oder auch ein Umzug in eine größere Wohnung. Es sind also ganz unterschiedliche Situationen, die dazu führen können, dass alles zu viel wird. Werden diese Gefühle über einen längeren Zeitraum hin verdrängt, können sie nicht artikuliert werden, und wird nichts unternommen, um die belastende Situation zu entschärfen, kann es vorkommen, dass der Körper darauf reagiert, im Falle einer Schwangerschaft beispielsweise mit vorzeitigen Wehen.

An dieser Stelle kann das Gespräch ansetzen. Grundvoraussetzung dabei ist eine mutmachende Haltung. Angstmachende Diagnosen vergrößern die Anspannung und tragen nicht zu einer Verbesserung der Situation bei. Christine Schulz-Züllich ermutigt Schwangere, mit sich selbst (wieder) körperlichen Kontakt aufzunehmen, wieder ein Gefühl für sich selbst und ihr Kind zu bekommen und dieses Feed-back auch wirklich zuzulassen. Sie müssen auch merken, wo ihre ganz persönlichen Grenzen der Belastbarkeit sind. Schulz-Züllich bringt all ihren schwangeren Patientinnen bei, schon die ersten Wehenbestrebungen auch als solche zu erkennen. Erste Wehen müssen nicht wehtun, wie meist angenommen wird, sondern bereits ein stark gehärteter Bauch kann ein erstes Anzeichen sein. Ein frühzeitiges Erkennen der ersten Wehen ist ein wichtiges Kriterium, um rechtzeitig darauf reagieren zu können. Dies bestätigt auch die Erfahrung, die Martina in ihrer ersten Schwangerschaft gemacht hat:

„Ich kam – so ungefähr im sechsten Monat – stark bepackt vom Einkaufen und sah in einiger Entfernung meine Straßenbahn stehen. Da ich bei dem kalten Wetter keine Lust hatte, auf die nächste zu warten, legte ich einen kurzen, schnellen Spurt ein, um diese Straßenbahn noch zu erreichen. Schon in der Straßenbahn bemerkte ich ein leichtes Ziehen im Unterbauch, das sich auch zu Hause nicht legte. Ich wusste sofort, dass mir dieser Endspurt nicht gut getan hatte, aber die Reue kam etwas spät. Bald fühlte sich mein Bauch so hart an wie ein Fußball. Aus meiner Lektüre der Schwangerschaftsbücher wusste ich: vorzeitige Wehen. Nach dem ersten Schrecken besann ich mich jedoch. ‚Jetzt keine Panik, so schlimm kann es nicht sein, was du jetzt brauchst, ist Ruhe.' Ich packte mich also für das gesamte Wochenende aufs Sofa, schön warm eingemummelt, und streichelte meinen Bauch ganz sanft. Ich begann auch, mit meinem Kind zu sprechen und ihm zu erklären, dass ich einfach zu schnell gelaufen sei und dass ich gerne möchte, dass er noch länger bei mir bleibt. Ja, dass es sogar wichtig sei, dass er noch bleibt. Ich habe ihm versichert, dass ich in Zukunft nicht mehr so unvorsichtig sein werde und es sich wieder entspannen könne. Auch mein Mann streichelte meinen Bauch und erklärte dem Kind, dass wieder alles in Ordnung sei. Und so war es schließlich auch, schon am Montag war der Bauch wieder weich. Ich merkte allerdings danach immer sehr schnell die ersten Zeichen von Überlastung, denn dann verspannte sich mein Bauch und es erinnerte mich immer ein wenig an das auf dem Sofa verbrachte Wochenende. Ich habe dann immer prompt mit einer Zurücknahme reagiert, indem ich einfach Termine abgesagt oder verschoben habe. Meine Gesundheit und die meines Kindes waren einfach wichtiger. Aaron kam dann zur rechten Zeit – zwar zehn Tage vor dem errechneten ‚Termin', aber das ist ja ganz normal."

Kommt eine Frau zu Christine Schulz-Züllich in die Praxis mit den Anzeichen erster Wehen und bestätigt sich der Verdacht, so ist dies für die Frauen zunächst einmal die Bestätigung, dass sie ihrer eigenen Wahrnehmung trauen können. Die Gynäkologin fragt dann ganz gezielt nach den möglichen Gründen für die Überbelastung und überlegt gemeinsam mit der Schwangeren, auf welche Weise Erleichterung geschaffen werden kann: „Nicht ich bin Expertin und diejenige, die weiß, wie es läuft und gemacht werden soll, sondern wir machen es gemeinsam. Damit übernimmt die Frau auch wieder Verantwortung für sich selbst. Die Mitverantwortlichkeit und vor allem die *Veränderbarkeit* sind die wichtigsten Mittel, um die Ruhe wieder herzustellen."[92] Selbst wenn Medikamente notwendig werden, so kann die Frau – nach genauer Absprache und Einweisung mit der Gynäkologin - selbst über die Dosierung entscheiden. „Die Ich-Stärkung statt sich sagen zu lassen, was für sie gut ist, führt sie wieder zu sich selbst. Sie kann nach der Irritation durch die Diagnose vorzeitigen Wehenbeginns selber oder mit Hilfe herausbekommen, in welcher Konfliktlage sie sich befindet und … den Konflikt rauslassen, dann können die Wehen – der Schmerz – deutlich nachlassen. (…) Das oft verschüttete, weggedrückte Körpergefühl hat so eine gute Chance, in den Prozess zwischen Mutter, Uterus und Kind wieder erlebt und wieder belebt zu werden."[93]

Die Betonung in der Schwangerschaftsbegleitung, so Schulz-Züllich, sollte auf der Normalität, nicht auf der Pathologie liegen. Lob ist wichtig. Aufbauen, anstatt zusätzliche Sorgen bereiten. Die Vorfreude auf das Kind, das entsteht, sollte nicht aus medizinischen Gründen durch Angst verdorben werden.

Mütter, die während der Schwangerschaft einen engen körperlichen Kontakt mit ihrem Kind gepflegt haben, erkennen natürlich auch viel eher, wenn mal etwas nicht optimal läuft. Sie haben dann aber auch viel leichter und früher (!) die Möglichkeit, etwas für eine Normalisierung zu tun. Und auch hierbei gilt: Wird das Kind als aktiver Partner miteinbezogen (wie es auch bei dem Beispiel von Martina geschah), unterstützt das die Wende zum Besseren deutlich.

Schulz-Züllichs Konzept scheint sich zu bewähren; von 650 Schwangerschaften, die sie in den letzten Jahren in ihrer Praxis betreut hat, gab es nahezu keine Frühgeburten vor der 37. Woche.

Der Diplom-Psychologe Thomas Harms hat sich auf die Heilung früher Eltern-Kind-Bindungsstörungen spezialisiert.[94] In seinem Zentrum für Bindungs-Energetik in Bremen gelingt es ihm mit seinem „Emotionellen-Erste-Hilfe-Konzept", gestörte Bindungsprozesse, die sich beim Baby oftmals durch unstillbares, stundenlanges, „grundloses" Schreien äußern, wieder herzustellen. Sobald die Herzverbindung zwischen Mutter und Kind wiederhergestellt ist, kann auch die Selbstregulation des Kindes wieder funktionieren. Natürlich ist gerade hier eine präventive Begleitung bereits in der Schwangerschaft angezeigt. Denn postnatale Bindungsstörungen haben ihren Ursprung in den meisten Fällen in der vorgeburtlichen Phase. Dem Stress der Mutter kommt dabei eine große Bedeutung zu. Der vorgeburtliche Stress wird nachgeburtlich vom Baby verkörpert. Das drückt sich aus durch eine versteifte Körperhaltung, große Unruhe und das ständige untröstliche Weinen. „Das Weinen ist ein Entlastungsversuch und ein Hilfeschrei," so Harms. „Je stärker die Dysfunktion, desto stärker ist das Stressniveau beim Kind. Was das Kind jetzt dringlichst braucht, ist Sicherheit, Berührung und Gebundenheit. Durch sein Weinen macht es seine Eltern darauf aufmerksam. Es schüttelt seine Eltern regelrecht wach. Eltern sind in den Monaten nach der Geburt noch immer sehr viel schneller am Herzen berührbar als im ‚normalen' Leben. Das ist eine große Chance. Das Kind besitzt ganz ungetrübt die volle Herzintelligenz." Eltern, die zu Thomas Harms kommen, sind meist mit den Nerven völlig am Ende. Sie leiden nicht selten an Schlafmangel, denn das Kind weint Tag und Nacht. Ihre Nerven sind angespannt und ihr Selbstbewusstsein ist angeknackst. Da ist es erstaunlich, wie schnell das Gleichgewicht wieder hergestellt werden kann. Denn sobald die Babys bekommen, was sie brauchen, können sie wieder blitzschnell umschalten. Der Körper weitet sich wieder, wird weicher, die Steifheit geht.

Kann der Stress bereits in der Schwangerschaft abgebaut werden, so ersparen sich die Eltern natürlich viele nachgeburtliche Sorgen. Thomas Harms leitet Schwangere an, wie sie ihren Stress rechtzeitig erkennen können. Oft haben sie das Gefühl, dass ihnen alles über den Kopf wächst, sie fühlen sich in der Verantwortung für das werdende Leben allein gelassen. Manchmal verfallen sie in einen Aktivismus, um diesem Gefühl zu entkommen, und verschlimmern damit alles nur noch mehr. Harms macht sie auf ihre gefühlsmäßige Beteiligung aufmerksam. Also: Wie fühle ich mich im Innern, wenn ich gestresst bin? Was für ein Muster läuft da ab? Und: Wie fühlt sich dann mein Körper an? Was tue ich dann? Die Antworten dazu können bei jeder Schwangeren ganz unterschiedlich ausfallen. Wichtig ist jedoch, dass sie ihre eigenen Stressmuster erkennt und dann gezielt Maßnahmen ergreifen kann, um den Stress wieder abzubauen. Das geht über Bilderreisen, über die Körperhaltung und über die Erinnerung an eine starke, positive Bindungssituation mit einem Menschen, einem Ort, einem Geschehen. „Jeder Mensch hat diese Erinnerungen in sich. Sobald wir sie aktivieren, verändert sich etwas in unserem Nervensystem. Die Nerven schalten auf Beruhigung um.“ Das Ziel ist, wieder eine bessere innere Anbindung an sich selbst zu finden. Schwangere können erkennen, wie sie sich in der Situation der Bindungsschwäche fühlen, aber auch, wie sie wieder in das Gefühl der Anbindung kommen können. Je besser sie das lernen, desto sensibler werden sie für ihre eigenen Bedürfnisse und damit auch für die Bedürfnisse des Kindes. Werdende Eltern sind sehr offen und integrieren diese Verhaltensweisen sehr leicht. Wenn dann wieder Stress einsetzt, wissen sie, was sie tun können. Dieses Wissen allein ist schon sehr entlastend. Sie haben eine neue Position gefunden. Sobald sie Stress und seine Symptome bei sich entdecken, können sie wieder in die Rückanbindung gehen. Sie können erkennen, was sie im Moment brauchen, und können dies auch mit Worten ausdrücken. Dadurch reduziert sich das Angstniveau und die somatischen Reaktionen sind nicht mehr notwendig.

„Gerade die Zeit der Schwangerschaft ist dafür geeignet, eigene (vielleicht belastende) Säuglingserfahrungen zu transformieren und die Bindungsfähigkeit zu heilen. Die Offenheit und Aufgeweichtheit in dieser Zeit führt dazu, dass viele alte Ängste wieder ans Tageslicht kommen, die sonst verschüttet sind. Dies ist aber gleichzeitig eine große Chance zur Verarbeitung. Das Baby innen ist ein ungeheurer Energiezuwachs. Es bringt soviel Herzensenergie mit, verkörpert so viel Liebe. Babys treten mit Liebe sofort in Resonanz," so Harms.

Kapitel 6

Die Reise in ein unbekanntes Land – Schwangerschaft als Übergang

In der Schwangerschaft bereiten sich Frau und Mann darauf vor, Mutter und Vater zu werden. Neun Monate hat die Natur für diese Anpassungsleistung vorgesehen. Es ist ein Stadium des Werdens, des Übergangs: nicht mehr ganz das zu sein, was man einst war, aber auch noch nicht dort angekommen, was erst noch wird. Eine solche Schwellensituation ist mit den unterschiedlichsten Emotionen verbunden. Es können sich die Trauer, das Abschiednehmen vom Bekannten mischen mit der Vorfreude auf das Neue, Frische, auf das Kind. Gerade in dieser offenen Zeit der Veränderung ist vieles möglich, was zu anderen, festeren Zeiten unmöglich wäre. Die Psychotherapeutin und Geburts-„Lehrerin“ Benig Mauger aus Dublin betont den Ritus des Überwechselns oder der Initiation als wichtigen Bestandteil der Transformation. Dabei geht es um ein Absterben der alten Form und um die Entwicklung der Neugeburt oder eines neuen Lebens: „Bei der Schwangerschaft geschieht das auf mehreren Ebenen. Der Leib der Schwangeren verändert sich. Wenn ihre mädchenhafte Figur verschwindet und sich zu der mütterlichen wandelt, geht das Mädchen symbolisch unter, um als schwangere Mutter wieder zu erscheinen. Wie der Held im Mythos, der eine Niederlage erleiden und sich im übertragenen Sinn dem Tod überantworten muss, um wiedergeboren zu werden, so muss die Schwangere die Schwangerschaft und die Beschwernisse der Niederkunft auf sich nehmen, um als Mutter wiedergeboren zu werden.“ [95]

Es ist jedoch von großer Wichtigkeit, wie sich diese Reise in ein neues Leben gestaltet und vollzieht, denn sie wird den weiteren Verlauf der Lebensreise sowohl der Mutter als auch des Kindes beeinflussen.

In der Schwangerschaft beginnt die Wandlung von der Tochter zur Mutter. Biologische und psychische Faktoren gestalten den Übergang zur Mutterschaft. Dazu kommen soziale und kulturelle. So werden die eigene Familiengeschichte und die aktuelle persönliche Situation entscheidend dazu beitragen, wie eine Frau ihre Schwangerschaft erleben wird. Mauger: „Ihr persönliches Unbewusstes erweist sich als Tummelplatz der auf Schwangerschaft und Geburt bezogenen Mythen und Geschichten, wie sie von ihrer Mutter und Generationen von Müttern in ihrer Familie weitergegeben wurden. Von ihrer ‚Mutterimago' bekommt sie bewusste und unbewusste Bilder davon, was es heißt, Mutter zu sein. Sie hat pränatale Eindrücke von ihrer eigenen Geburt, die ein Echo der Gedanken und Gefühle ihrer Mutter sind, als diese mit ihr schwanger war."[96] Diese familienbezogene Speicherung von Erfahrungen und Gedanken wird besonders deutlich bei einer Beobachtung, von der mir viele Hebammen berichteten. Die Geburten von Mutter und Tochter, ja sogar von Großmutter und Enkelin ähneln sich oft bis in Details genau (insbesondere die ersten Geburten). Selbst wenn es heute (leider!) kaum noch ausgeprägte, bewusste Familienrituale für den Umgang mit Schwangerschaft und Geburt gibt, so scheint unbewusst noch viel mehr zum Thema Schwangerschaft und Geburt bei uns zu finden zu sein, als wir im Allgemeinen meinen. Sich dieser inneren Prägungen bewusst zu werden, ihnen nachzuspüren und für sich zu klären (Möchte ich diese zum Teil auch belastenden Erfahrungen tatsächlich weitergeben, oder möchte ich etwas Neues beginnen, vielleicht möchte ich an alte Familienstärken – der Großmutter beispielsweise – wieder anknüpfen) könnte eine bereichernde Geburtsvorbereitung sein.

„Schwangerschaft ist ein Zustand mit vielen verschiedenen Facetten mit einem enormen Potenzial für Wachstum und Transformation. Nicht nur ein physisches Baby auf die Welt zu bringen, sondern da ist auch das Potenzial, ein inneres psychisches Baby zu gebären, die neue Mutter gebärt einen neuen Teil von sich selbst," schreibt Benig Mauger in ihrem wunderbaren Buch „Songs from the Womb. Healing the wounded Mother."[97]

Sie geht – in der Tradition C. G. Jungs – noch einen Schritt weiter. Sie spricht vom kollektiven Unbewussten, das Einfluss auf den Mutter-Archetyp hat: „Der Mutterarchetyp wirkt auf die Psyche einer Frau ein in Träumen und Phantasien, in Symbolen, die in Momenten der Intuition und der inneren Einsicht auftauchen. Eine schwangere Frau gewinnt Zugang zu unbewussten Bildern, die ihr bis dahin verschlossen waren. Diese Bilder bereichern ihre Psyche und beeinflussen ihren Übergang zur Mutterschaft."[98] In diesen Bildern kann sie wieder Zugang bekommen zu der mächtigen und ursprünglichen Gebärkraft. In unserem Innern liegt uralte Weisheit. Diese Weisheit wieder zu beleben und in unser Leben zu integrieren kann uns wieder gesund machen. Mauger geht davon aus, dass heutige Frauen tief in ihrer Seele verletzt sind, durch das Nicht-Anerkennen der weiblichen Kraft, die zu Schwäche umgedeutet wurde. Es ist aber gerade ein Zeichen einer tiefen Seelenwunde, dass wir im Bewusstsein keine Worte dafür haben, ja, manchmal uns insgesamt dieser Wunde nicht bewusst sind. Wir fühlen manchmal nur, dass etwas fehlt in unserem Leben. Dass es eigentlich ganz anders sein sollte. Durch Träume – auch Tagträume – können wir den Zugang wieder finden. Träume bilden die Brücke zwischen dem Unbewussten und dem Bewussten. Manchmal ist es gerade in der Schwangerschaft und in der ersten Zeit danach, in dieser Offenheit, die damit einhergeht, dass uns unsere Wunden bewusst werden. Aber dies kann auch die Zeit sein, diese Wunden zu heilen, wie Mauger ausführt: „Ein neugeborenes Baby zu beschützen und zu nähren kann uns helfen, die Wunden zu heilen, die unserem Herzen am nächsten sind. In der Therapie höre ich die schmerzhaftesten Geburtserfahrungen, aber dies ist auch gleichzeitig die Möglichkeit für profunde Heilung. Denn es liegt in der Natur der Dinge, dass das am meisten verletzende Erlebnis auch das meist transformierende ist. (…) Die verletzte Mutter zu heilen bedeutet, auf die verlorene Stimme der Seele zu hören. Geburt ist Transformation. In dem kurzen Spalt zwischen den zwei Welten von Leben und Tod oder Tod und Wiedergeburt liegt die ungeheure Gelegenheit von Befreiung. (…) Einige Prä- und Perinatalpsychologen glauben, dass die pränatale Phase oder die Zeit im Mutterleib eine Zwischenzeit zwischen den Leben ist."[99]

Nun sind es nicht nur innere Veränderungen, die die Zeit der Schwangerschaft beeinflussen. In der beruflichen Welt stehen für Schwangere zahlreiche Entscheidungen mit langreichenden Konsequenzen an. Auch wenn es gewisse rechtliche Rahmenbedingungen gibt wie Mutterschutz und Erziehungsurlaub, erweisen sie sich bei langem nicht als ausreichend. Noch immer ist eine Frau vor die Fragen gestellt: Was mache ich nach dem Mutterschutz? Muss ich den

Beruf für einige Jahre aufgeben (oder möchte ich das vielleicht auch), oder gibt es Möglichkeiten, meinen Beruf zunächst halbtags oder von zu Hause auszuüben? Beteiligt sich mein Mann am Erziehungsurlaub, oder bin ich ganz allein für die Erziehungsaufgabe zuständig?

Für Männer kann ein geteilter Erziehungsurlaub eine bereichernde Erfahrung sein, denn sie lernen dadurch, welch enorme Leistung die Betreuung eines Kleinkindes ist. Sie bekommen aber gleichzeitig auch einen ganz neuen, tieferen, emotionalen Zugang zu ihrem Kind. Diese intensive Vertiefung der Vater-Kind-Beziehung kann sich durchaus noch über Jahre positiv bemerkbar machen, nicht zuletzt darin, dass Männer auf diese Weise die Möglichkeit haben, ihr Kind und seine Lebenswelt tatsächlich kennenzulernen. Viele Männer, die diese Möglichkeit in Anspruch genommen haben, möchten die Zeit nicht missen, selbst wenn sie beruflich mit großen Schwierigkeiten zu kämpfen hatten. So hatte beispielsweise der norddeutsche Pfarrer Benno Gliemann bereits im vierten Schwangerschaftsmonat seiner Frau öffentlich angekündigt, er wolle Erziehungsurlaub nehmen: „Durch die Gemeinde ging zunächst ein schriller Schrei der Empörung. Meine Kollegen waren ganz entgeistert, die Kirchenältesten waren vielfach überfordert mit der Situation. Viele befürchteten ‚Jetzt bricht alles zusammen‘. Es war sogar strittig, ob ich im Pfarrhaus – als Dienstwohnung – weiterhin wohnen dürfe. Zuspruch bekam ich größtenteils von älteren Frauen, die sich eine solche Möglichkeit (Erziehungsurlaub für Männer) auch gewünscht hätten. Einige bestärkten mich in meinem Entschluss mit Bemerkungen: ‚Der lebt wenigstens auch, was er predigt.‘ Trotzdem war die Situation beruflich sicherlich alles andere als leicht. Privat, also ganz konkret in der Beziehung zu meiner Tochter, habe ich diesen Entschluss allerdings nie bereut und habe unsere gemeinsame Zeit sehr genossen. Inzwischen kann ich die Situation von Frauen mit Babys viel besser verstehen. Der Rollentausch hat mir also auch in der Beziehung zu meiner Frau viel gegeben. Ich war jetzt derjenige, der den Tag über hauptsächlich zu Hause zugebracht hatte und meine Frau kam mit den Geschichten aus dem prallen Leben. Ich merke aber auch, dass meine Tochter mich jetzt anders sieht. Ich kann (und darf) sie trösten, wenn sie hingefallen ist, etwas, was sonst nur meiner Frau vorbehalten war.“

Für die schwangere Frau ist dieser Zuspruch ihres Mannes, der ganz konkrete Formen beinhaltet, enorm wichtig. Sie weiß, sie steht in der

Situation nicht allein da, sie kann sich – jetzt und später – auf Hilfe verlassen. Früher, in der Großfamilie, war eine Hilfe für werdende Mütter immer greifbar und in der Nähe. Heute, in der weitgehenden Vereinzelung – Großeltern leben nicht am selben Ort, oder sie sind selbst noch berufstätig –, können sich Frauen in der Schwangerschaft sehr allein gelassen vorkommen. Die tatkräftige Unterstützung durch den Partner ist deshalb eine wesentliche Komponente für eine glückliche Schwangerschaft. Männer sollten sich dieser Aufgabe stellen, auch besonders im Hinblick auf das Wohlergehen ihres werdenden Kindes.

Tatsächlich tätige Verantwortung für ein Kind zu übernehmen kann natürlich anstrengend und entbehrungsreich sein. Es ist oftmals schwieriger, aktive Veränderungen im sozialen Umfeld vorzunehmen, damit die Situation für Mutter und Kind optimiert wird, als sich auf äußere Versprechungen auf ein gesundes Kind – wie sie von medizinischer Seite angeboten werden – zu verlassen. Allerdings ist es letztlich auch sehr befriedigend, Verantwortung selbst zu übernehmen, wie es Gerda Haimbach erlebt hat:

„Die Geburt meines ersten Sohnes endete mit einer Saugglocke. Vorausgegangen waren in 15 Stunden Wehen die üblichen technikbestimmten Eingriffe im Kreiskrankenhaus inklusive Wehentropf. Ich empfand die Geburt nicht als schön. Als ich dann das zweite Mal schwanger wurde, wusste ich zwar noch nicht genau, was ich wollte, aber ich wusste ziemlich genau, was ich nicht mehr wollte. Schließlich fand ich eine Hebammenpraxis mit zwei Hebammen, wo ich mich sehr gut aufgehoben fühlte – und zwar als Individuum angenommen. Ich und mein Kind – wir waren wichtig und wir wurden ernst genommen, unser Wohlergehen stand ganz oben auf der Liste. Ich habe mich dann auch entschlossen, keine Fruchtwasseruntersuchung machen zu lassen, obwohl ich schon vom Alter her dafür in Frage kam. Bei Bekannten und Verwandten hat diese Entscheidung keine Zustimmung erfahren, ganz im Gegenteil. Aber ich ließ mich dadurch nicht verunsichern. Ich war mir nämlich auch ohne diesen Test ganz sicher, dass alles in Ordnung ist. Ich hatte dabei ein ganz gutes Gefühl. Auch mein Gynäkologe – zu dem ich ab und zu ging – hat mich in dieser Entscheidung bestärkt. Im Nachhinein sehe ich ganz deutlich den Unterschied im Verlauf der beiden Schwangerschaften. Bei der ersten war mein eigenes Empfinden für mich und das Kind irritiert von den ganzen Tests, es wurde mir quasi aus der Hand genommen. Ich konnte mich gar nicht richtig auf mich und mein Kind einlassen. Die einzige Orientierung, die ich hatte, waren medizinisch festgelegte Werte und Normen und die Frage: ‚Hast Du auch *alles* für dein Kind getan bzw. tun lassen?‘ Beim zweiten Kind habe ich dann den Ultraschall drastisch reduziert, ich wollte auch keine Geschlechtsbestimmung, ich ‚wusste‘ auch so, dass es wieder ein Sohn war. Ich habe mich viel mehr auf mein Kind eingestellt. Gemeinsam mit meinem inzwischen zweijährigen ersten Sohn haben wir jeden Abend ein Schlaflied fürs Baby im Bauch gesungen, ein Erlebnis, an das ich mich noch heute gerne erinnere. Ich konnte mich im Verlauf der Schwangerschaft immer mehr auf mich selber verlassen und wurde dadurch immer unabhängiger von der Meinung anderer. Die Geburt selbst fand schließlich zu Hause statt, obwohl das gar nicht so geplant war, aber Moritz hatte es dann doch sehr eilig, auf die Welt zu kommen, dass wir es nicht mehr bis ins Krankenhaus geschafft hätten. Ich bekam ihn in unserer eigenen Badewanne und es war wunderbar. Sicherlich hatte ich Schmerzen und heftige Wehen, aber im Vergleich zu meiner ersten Geburt war alles viel lebendiger. Das Wehensingen hat mir sehr geholfen. Immer hatte ich das Gefühl, ‚Herrin‘ der Lage zu sein. Nie fühlte ich mich ausgeliefert, wie bei meiner ersten Geburt. Das schönste Erlebnis war, wie ich mir Moritz selbst auf den Bauch gelegt habe. Moritz war ganz friedlich, erst noch mit geschlossenen Augen. Als er schließlich seine Augen öffnete, schaute er uns an, als wollte er sagen: ‚Ach, so schaut ihr also aus, ich kenne euch natürlich schon lange.‘ Ich möchte mit meinem Bericht gerne allen Frauen Mut machen, sich auf sich selbst zu berufen, sich selbst zu vertrauen, die eigenen Empfindungen als wahr und wichtig zu nehmen und sich nicht von zu vielen Regeln und Normen überfallen zu lassen, es lohnt sich ungemein!“

Diesem Bericht ist wirklich nichts hinzuzufügen.

Schlussbemerkungen

Zum (guten) Schluss liegen mir einige Gedanken am Herzen, die ich noch anfügen möchte, die aber durchaus nicht als Anhängsel zu verstehen sind.

Mutter und Kind im Mutterleib können immer nur in ihrer körperlichen Symbiose verstanden werden. Das soll heißen, das Kind ist allein für sich keine eigenständige Person, sondern ist ganz klar von der Mutter abhängig. Die Mutter ist es auch, die heute aufgrund der Gesetzeslage die Gelegenheit hat, sich für oder gegen ein Kind zu entscheiden. Diese Entscheidungsfreiheit hat einen großen Einfluss auf die Erwartungen und das Erleben der Schwangerschaft.

Wann immer wir die Forderung nach einer kinderfreundlichen Gesellschaft erheben, sollten wir uns klar sein, dass wir dann in erster Linie eine mütterfreundliche Gesellschaft schaffen müssen, von der wir leider immer noch weit entfernt sind. *Geht es der Mutter gut in der Schwangerschaft, geht es auch ihrem Baby gut!* Das ist etwas, was wir niemals vergessen sollten.

Eine Frau braucht in der Schwangerschaft Unterstützung auf den unterschiedlichsten Ebenen. Die heutige Reduktion der Schwangerenbetreuung auf die medizinische Kontrolle reicht bei weitem nicht aus. In Gegenteil, sie verhindert geradezu die Ausrichtung auf die Ganzheitlichkeit des Schwangerschaftserlebens. Deshalb ist es auch so nötig, Frauen wieder zu ermutigen, auf sich selbst zu hören und sich und ihre Intuition wirklich ernst zu nehmen. Wie mir Christine Schulz-Züllich mit auf den Weg gab: Frauen sollten darauf achten, ob es ihnen in der Betreuung gut geht. Das klingt so einfach und simpel, aber wie oft nehmen wir uns und unsere Empfindungen nicht wichtig genug. Wir sollten es tun und danach handeln. Frühzeitig.

Anmerkungen

[1] Siehe auch Theresia Maria de Jong: „Babys aus dem Labor. Segen oder Fluch? Weinheim 2002.

[2] Siehe dazu ausführlich mein Buch: Kaiserschnitt – Wie Narben an Seele und Bauch heilen können, Kösel Verlag (gemeinsam mit Gabriele Kemmler).

[3] Aus: GEBURTsTage. Ein Lesebuch. Herausgegeben von Heike Schwitzke. In diesem sehr persönlichen Buch sind Geburtsberichte gesammelt von Frauen, die in der Schwangerschaft haptonomisch betreut wurden. Ein sehr eindrucksvolles Leseerlebnis! Zu beziehen nur über Heike Schwitzke: Bonner Str. 208 a, 42697 Solingen.

[4] Die Neonatologie ist ein Spezialgebiet der Kinderheilkunde, das sich insbesondere mit Frühgeborenen beschäftigt.

[5] Der ausführliche Bericht ist nachzulesen in: Marcovich, Marina; de Jong, Theresia Maria: Frühgeborene – zu klein zum Leben? Die Methode Marina Marcovich. Frankfurt 1998.

[6] Chamberlain, David: Woran Babys sich erinnern. Die Anfänge unseres Bewusstseins im Mutterleib. München, 1990.

[7] Preyer, W.: Die Seele des Kindes. Beobachtungen über die geistige Entwicklung des Menschen in den ersten Lebensjahren. Leipzig, 1900.

[8] vgl. S. Shahidullah und P. G. Hepper: Hearing in the Fetus: Prenatal Detection of Deafness, Int. J. Prenatal and Perinatal Studies, Vol. 4 (1992) No. 3/4, 235–240.

[9] Michaela Dietl beschreibt ihre Erfahrungen mit der Musik in der Schwangerschaft in der Zeitschrift „ab 40", 1/97.

[10] Chamberlain, David: Neue Forschungsergebnisse aus der Beobachtung vorgeburtlichen Verhaltens, in: Janus, L. und Haibach, S. (Hg): Seelisches Erleben vor und nach der Geburt. Neu-Isenburg, 1997.

[11] Ebenda.

[12] Hepper, Peter u. Shahidullah, Sara: The beginnings of mind – evidence from the behaviour of the fetus. In: Journal of Reproductive and Infant Psychology, Vol. 12, 143–153, 1994.

[13] Piontelli, A.: Infant observation from before Birth. In: Int. Journal of Psycho-Analysis, 1987, Vol. 68 (4), 453–463.

[14] vgl. Wolfram, G.: Wie wird der Mensch zum Menschen? Die vorgeburtliche Entwicklung des Menschen in medizinischer Sicht. In: Dialog Spezial 1, 1985.

[15] Werner, Emmy, E.: Overcoming the odds. In: Journal of Developmental and Behavioral Pediatrics, April 1994, Vol. 15 (2).

[16] Ebenda.

[17] Zitat in „Intra", Vol. 32, 1997.

[18] Fifer, W. P. & Moon, C.: Psychobiology of new-born auditory preferences. In: Seminars in Perinatology, Vol. 13, 430–433, 1989.

[19] Moon, Christine; Cooper, Robin P. u. Fifer, William P: Two-Day-Olds Prefer their Native Language. In: Infant Behavior and Development, Vol. 16, 495–500, 1993.

[20] DeCasper, Anthony et al: Fetal Reactions to Recurrent Maternal Speech. In: Infant Bahavior and Development, Vol. 17, 159–164, 1994.

[21] Parncutt, Richard: Prenatal Experience and the Origins of Music. In: Blum, Thomas (Hg): Prenatal Perception, Learning and Bonding, Berlin, 1993.

[22] Gustorff, D.: Lieder ohne Worte. Musiktherapie mit komatösen Patienten auf der Intensivstation. In: Kairos I. Beiträge zur Musiktherapie in der Medizin, (Hg) David Aldridge, Bern 1997.

[23] Parncutt, Richard, ebenda.

[24] vgl. Hepper, Peter u. Shahidullak, Sara: The beginnings of mind – evidence from the behaviour of the fetus. In: Journal of Reproductive and Infant Psychology, Vol. 12, 143–154, 1994.

[25] Hüther, Gerald: Pränatale Einflüsse auf die Hirnentwicklung. In: Krens u. Krens (Hg): Grundlagen einer vorgeburtlichen Psychologie, Vandenhoek u. Ruprecht 2004 (in Druck).

[26] Ebenda.

[27] Ebenda.

[28] Ebenda.

[29] Hepper, Peter G.: Das fetale Verhalten und seine Funktion für die menschliche Entwicklung. In: Krens u. Krens (Hg): Grundlagen einer vorgeburtlichen Psychologie, Vandenhoek u. Ruprecht, 2004 (in Druck).

[30] Nathanielsz, Peter, W.: Life in the Womb. The Origin of Health and Disease, Ithaca, New York 1999.

[31] Klaus, M.H.; Kennell, J.H.; Klaus, P.H.: Der erste Bund fürs Leben. Die gelungene Eltern-Kind-Bindung und was Mütter und Väter dazu beitragen können. Hamburg, 1997.

[32] Gloger-Tippelt, Gabriele: Entwicklung eines kognitiven Schemas vom eigenen Kind bei Frauen vor ihrer ersten Geburt. In: Sonderdruck Entwicklung. Allgemeine Verläufe – Individuelle Unterschiede, Pädagogische Konsequenzen. Hg. von Monika Knopf, Wolfgang Schneider. Verlag für Psychologie, Göttingen.

[33] Hurst-Prager, Christina: Prenatal Bonding. In: Thomas Blum, (Hg): Prenatal Perception, Learning and Bonding, Berlin 1993.

[34] Bauer, Dietrich; Hoffmeister, Max und Görg, Hartmut: Gespräche mit Ungeborenen. Kinder kündigen sich an. Stuttgart, 4. Auflage, 1994.

[35] Klimek, Rudolf: Neue Einsichten in die Berechnung des Geburtstermins und ihre Konsequenzen für die medizinische Praxis. In: Janus, L. und Haibach, S. (Hg): Seelisches Erleben vor und während der Geburt. Neu Isenburg, 1997.

[36] Ebenda.

[37] vgl. de Jong, Theresia Maria; Kemmler, Gabriele: Kaiserschnitt. Wie Narben an Bauch und Seele heilen können. München 2003 (ursprünglich Frankfurt 1996).

[38] Wucherer-Huldenfeld, Augustinus Karl: Dialog mit dem Kind. Ein philosophischer Beitrag zur Anthropologie des pränatalen Da-seins. In: Daseinsanalyse 8, 203–225, 1991.

[39] Bauer, Dietrich et al. a.a.O.

[40] Winnicot, Donald zitiert nach Ann M. Jernberg: Untersuchung und Therapie der pränatalen Mutter-Kind-Beziehung. In: Fedor-Freybergh, Peter, G.: Pränatale und perinatale Psychologie und Medizin. Begegnung mit dem Ungeborenen. München, 1987.

[41] Verny, Thomas; Kelly, John: Das Seelenleben des Ungeborenen. Wie Mütter und Väter schon vor der Geburt Persönlichkeit und Glück ihres Kindes fördern können. München 1981.

[42] Caruso, Igor, A.: Die Bedeutung des pränatalen Seelenlebens für die Persönlichkeitsentwicklung. In: Graber, Gustav Hans; Kruse Friedrich (Hg): Vorgeburtliches Seelenleben. München 1973.

[43] siehe dazu auch das Werk von Ludwig Janus und Sigrun Haibach (Hg): Seelisches Erleben vor und während der Geburt. Neu-Isenburg 1997.

[44] Van de Carr, F. Rene; Lehrer, Marc: Prenatal University; Committment to Fetal-Family Bonding and the Strengthening of the Family Unit as an Educational Instiution. In: Pre-and Peri-Natal Psychology, 3 (2), Winter 1988.

[45] Informationen zum Projekt in Venezuela: Manrique, Beatriz et al: Nurturing Parents to stimulate their Children from Prenatal Stage to three Years of Age. In: T. Blum (Hg): Prenatal Perception. Berlin, Hongkong 1993. Informationen zum Projekt in Thailand: Panthuraamphorn, Chairat: Prenatal Infant Stimulation Program. In: T. Blum (Hg.) Prenatal Perception. Berlin, Hongkong 1993.

[46] Die beschriebenen Übungen sind zum Teil inspiriert durch meine eigenen Schwangerschaften, Berichte von Müttern, die ich interviewt habe, von der amerikanischen Psychotherapeutin Ann M. Jernberg, dene amerikanischen Kinderärzten F. Rene Van de Carr und Marc Lehrer, der amerikanischen Therapeutin Clara M. Riley, Brent Logan, Thomas Verny und Pamela Weintraub sowie Beatriz Manrique und Chairat Panthuraamphorn.

[47] Sallenbach, William: Claira: A Case Study in Prenatal Learning. In: Pre-and Perinatal Psychology Journal, 9(1). Fall 1994.

[48] Wucherer-Huldenfeld, a.a.O.

[49] Ebenda.

[50] Gellrich, Martin: Musikalitätsförderung im vorgeburtlichen Stadium und im Kleinkindalter. In Janus, L. u. Haibach, S.: Seelisches Erleben vor und während der Geburt. Neu-Isenburg 1997.

[51] Tomatis, Alfred: Der Klang des Lebens. Vorgeburtliche Kommunikation – die Anfänge der seelischen Entwicklung. Hamburg 1987.

[52] Rhodes, Jeane: Sharing Space. Report on Research Projekt: Interviews with 2 1/2 to 3 1/2 Year old Children Regarding their Memories of Birth and the Pre-Natal Period. In: Pre- and Perinatal Psychology Journal, 6(1), Fall 1991.

[53] Parncutt, Richard: Pränatale Erfahrung und die Ursprünge der Musik. In: Janus, L; Haibach, S.: Das Seelenleben vor und während der Geburt. Neu-Isenburg, 1997.

[54] Marcovich, Marina; de Jong, Theresia Maria: Frühgeborene – Zu klein zum Leben? Die Methode Marina Marcovich. Frankfurt 3. Auflage 2001.

[55] Janus, Ludwig: Affektive Lernvorgänge vor und während der Geburt. In: Janus, L. u. Haibach, S.: Seelisches Erleben vor und während der Geburt. Neu-Isenburg, 1997.

[56] Gellrich, Martin a.a.O.

[57] Odent, Michel: Geburt und Stillen. Über die Natur elementarer Erfahrungen. München, 1992.

[58] Decker-Voigt, Hans-H.; Maetzel, Friedrich-K.: energon. Das medizinisch-wissenschaftliche Musikprogramm. Polymedia, Hamburg.

[59] Decker-Voigt, Hans-Helmut: Mit Musik ins Leben. Wie Klänge wirken: Schwangerschaft und frühe Kindheit. Kreuzlingen, München 1999.

[60] Renz, Monika: Psychotherapie im Bereich des Sprachlosen. In: Neue Zürcher Zeitung, 17. 8. 96; vgl. auch: Renz, Monika: Zwischen Urangst und Urvertrauen. Therapie früher Störungen über Musik und spirituelle Erfahrungen. Paderborn 1996.

[61] Gesine Huth: Liquid Sound – Reise in die Vergangenheit oder Therapie der Zukunft? In: Berger, Lutz (Hg.): Musik, Magie und Medizin, Paderborn 1997.

[62] Krüll, Marianne: Geburt und Gesellschaft. In: ab 40, Heft 1/97. Marianne Krüll ist auch Autorin des Buches Die Geburt ist nicht der Anfang. Die ersten Kapitel unseres Lebens – neu erzählt. Stuttgart 1989.

[63] Dieses Zitat stammt aus einer Gesprächsrunde, die von Kirsten Hanna Potthoff aufgezeichnet und herausgegeben wurde. Zu beziehen über Dr. M. Djalali, Bastionstr. 33, 40213 Düsseldorf.

[64] Name geändert.

[65] Veldman, Frans: Haptonomie – Die Wissenschaft von den Grundlagen der Affektivität. In: Int. J. Prenatal and Perinatal Studies, Vol.4 (1992) No. 1/2, 87–100.

[66] Janus, Ludwig: Wie die Seele entsteht. Unser psychisches Leben vor und nach der Geburt. München 1993.

[67] siehe Potthoff a.a.O.

[68] Veldman, Frans: Haptonomie – Die Wissenschaft von den Grundlagen der Affektivität. In: Int. J. Prenatal and Perinatal Studies, Vol.4 (1992) No. 1/2, 87–100.

[69] Ebenda.

[70] Ebenda.

[71] Ebenda.

[72] Potthoff a.a.O.

[73] Näheres dazu siehe: de Jong, Theresia M., und Kemmler, Gabriele: Kaiserschnitt – wie Narben an Bauch und Seele heilen können. München 2003.

[74] vergl. English, Jane: Being Born Cesarian: Physical and Psychological Aspects. In: Intern. J. of Prenatal and Perinatal Psychology and Medicine, Vol. 6, 1994, Nr. 3. Ausführlich auch beschrieben in: de Jong, Theresia Maria, und Kemmler, Gabriele: Kaiserschnitt – Narben an Seele und Bauch. Frankfurt, 2. Auflage 1997.

[75] Sie beschreibt diese Übungen in dem Artikel: Hurst-Prager, Christina: Prenatal Bonding. In: Blum. T. (Hg): Prenatal Perception and Bonding, Berlin 1993.

[76] Breinholst, Willy: Hallo, hier bin ich! Bergisch-Gladbach 1973.

[77] Dies Kapitel beruht in weiten Teilen auf meinem Buch: Babys aus dem Labor. Segen oder Fluch? Weinheim 2003.

[78] Northrup, Christiane: Frauenkörper – Frauenweisheit. Wie Frauen ihre ursprüngliche Fähigkeit zur Selbstheilung wiederentdecken können. München 1998. Ein sehr empfehlenswertes Buch!

[79] Schindele, Eva: Schwangerschaft. Zwischen guter Hoffnung und medizinischem Risiko. Hamburg, 1995.

[80] Ebenda.

[81] Wischer, Christine: Begrüßungsrede auf der Fachtagung Unter anderen Umständen – Mutter werden in dieser Gesellschaft, zu beziehen über: Bremische Zentralstelle für die Verwirklichung der Gleichberechtigung der Frau.

[82] Kurmann, Margaretha: Wer will schon ein behindertes Kind? Eugenische Tendenzen als Zwang zum gesunden Kind. Dokumentation der Fachtagung Unter anderen Umständen – Mutterwerden in dieser Gesellschaft.

[83] Ebenda.

[84] Persönliches Interview.

[85] Schmidt, Johannes, G; Bucher, Heiner,C.: Der Nutzen des Routine-Ultraschalls in der Schwangerschaft (Übers.) in: British Medical Journal, 1993, 307: 13–17.

[86] Schindele, Eva: a.a.O.

[87] Geibel-Neuberger, Ulrich W.: Die soziokulturelle Einbettung von sechs sich entwickelnden Elternschaften bei der Geburt des ersten Kindes in der BRD aus ethnomedizinischer Sicht. In: Schiefenhövel, Wulf et. al (Hg): Gebären – Ethnomedizinische Perspektiven und neue Wege. Berlin, 1995.

[88] Wallheinke, Anne: Mutterschaft als selbstbestimmter Prozeß – Herausforderung für die Hebammen-Praxis. In: Dokumentation der Fachtagung: Unter anderen Umständen – Mutter werden in dieser Gesellschaft. Bremen.

[89] Basiert auf dem Vortrag „Gebären im 21. Jahrhundert", den Silke Gieseler im Schortenser Bürgerhaus auf Einladung der Frauenbeauftragten Doris Fuhlbohm gehalten hat.

[90] Vgl: Schulz-Züllich, Christine: Neue Wege im Umgang mit vorzeitigen Wehen in der geburtshilflichen Praxis. In: Int. J. Prenatal and Perinatal Psychology and Medicine, Vol. 8 (1996), No.2.

[91] Ebenda.

[92] Interview.

[93] Ebenda.

[94] Siehe dazu sein empfehlenswertes Buch: Harms, Thomas: Auf die Welt gekommen. Die neuen Babytherapien. 2000, Berlin.

[95] Mauger, Benig: Geburt als Metapher – die Geburt des Kindes als Initiation und Transformation In: Janus, L. und Haibach, S. (Hg): Seelisches Erleben vor und während der Geburt. Neu-Isenburg, 1997.

[96] Ebenda.

[97] Mauger, Benig: Songs from the Womb. Healing the wounded Mother. The Collins Press, Cork (Irland) 1998.

[98] Ebenda.

[99] Ebenda.

Nützliche Adressen

Adressen von Dachverbänden und Netzwerken zu Schwangerschaft, Geburt und Elternsein, die weitervermitteln können zu regionalen Adressen:

Deutschland:

Adressen haptonomisch ausgebildeter Geburtsbegleiter über:
Dr. med. Mehdi Djalali
Bastionstr. 33, 40213 Düsseldorf, Tel: 0211/8369005

Aktionskomitee Kind im Krankenhaus e.V. (AKiK)
Kirchstr. 34, 61440 Oberursel, Tel: 0 61 72/30 36 00

Arbeitsgemeinschaft freier Stillgruppen (AFS), Bundesverband e.V.
Rüngsdorferstr. 17, 53173 Bonn, Tel.: 02 28/3 50 38 71

Arbeitsgemeinschaft Gestose Frauen e.V.
Kapellener Straße 67a, 47661 Issum, Tel.: 0 28 35/26 28

Arbeitsgemeischaft Spinabifiden und Hydrocephalus e.V.
Münsterstr. 13, 44145 Dortmund, Tel.: 02 31/8 61 05 00

Arbeitskreis Down-Syndrom e.V.
Hegelstr. 19, 33694 Bielefeld, Tel.: 05 21/44 29 98

Arbeitskreis Kunstfehler in der Geburtshilfe e.V. (AKG)
Rosental 23–25, 44135 Dortmund, Tel: 02 31/52 58 72

Beratungsstelle für natürliche Geburt und Elternsein e.V.
Häberlstr. 17, 80337 München, Tel.: 0 89/53 20 76

Bund Deutscher Hebammen e.V. (BDH)
Geschäftsstelle: Postfach 1724, 76006 Karlsruhe,
Tel: 07 21/98 18 90

Bund freiberuflicher Hebammen Deutschlands e.V. (BfHD)
Am Alten Nordkanal 9, 41748 Viersen, Tel und Fax : 02162/352149

Bundesinteressengemeinschaft Geburtshilfegeschädigter c. V. (BIG)
Nordsehler Str. 30, 31655 Stadthagen, Tel: 05721/7237

Deutsche Arbeitsgemeinschaft Selbsthilfegruppen e.V.
Friedrichstr. 28, 35392 Gießen, Tel.: 0641/74503

Frauengesundheitszentrum für Familienbildung und Frauengesundheit
Neuhofstr. 32, 60318 Frankfurt/Main, Tel.: 069/591700
Angebote von Kursen rund um Schwangerschaft, Geburt und Rückbildung

GfG Gesellschaft für Geburtsvorbereitung , Familienbildung und Frauengesundheit Bundesverband e.V.
Antwerper Str. 43, 13353 Berlin, Tel.: 030/45026920
Informationen über die Weiterbildung zur GfG-Geburtsvorbereiterin, und GfG-Familienbegleiterin

GTK Gesellschaft für Tiefenpsychologische Körpertherapie e.V.
Schüterstraße 14 (3. OG), 20146 Hamburg, Tel: 040/21006491
www.gtk-online.de

Initiative Regenbogen „Glücklose Schwangerschaftt" e.V.
In der Schweiz 9, 72636 Frickenhausen, Martina Severitt,
Tel.: 05565/1364

Internationale Studiengemeinschaft für pränatale und perinatale Psychologie und Medizin (ISPPM)
Julitta und Axel Bischoff, Friedhofweg 8, 69118 Heidelberg,
Tel.: 06221/892729

Institut für Ambulante Regressionstherapie
Irene Behrmann, Marianne Sturm
Altenceller Weg 58, 29331 Lachendorf b. Celle, Tel: 05145/284289
www.ambulante-regessionstherapie.de

La Leche Liga Deutschland e.V.
Postfach 650096, 81214 München

Mütterzentren – Bundesverband e.V.
Müggenkampstr. 30a, 20257 Hamburg, Tel.: 040/40170606

Netzwerk gegen Selektion durch Pränataldiagnostik
C/o Bundesverband für Körper- und Mehrfachbehinderte e.V.
Brehmstr. 5–7, 40239 Düsseldorf, Tel.: 02 11/6 40 04-10

Netzwerk zur Förderung der Idee der Geburtshäuser in Europa e.V.
Kaiser Karl-Ring 25, 53111 Bonn, Tel.: 02 28/7 21 88 98

Schatten & Licht – Krise nach der Geburt e.V.
Sabine Surholt, Obere Weinbergstr. 3, 86465 Welden,
Tel.: 0 82 03/96 58

Zentrum für Bindungs-Energetik Bremen (mit Schreiambulanz),
Thomas Harms
Fedelhören 106, 28203 Bremen, Tel: 04 21/3 49 12 36
www.emotionelle-erste-hilfe.de

Österreich:

Eltern-Kind-Zentrum Salzburg
Herrengasse 30, A-5020 Salzburg
(Weitere Eltern-Kind-Zentren in Linz, Steyr, Klagenfurt, Bregenz, Innsbruck, Graz, Mödling, Feldkirch und Wien)

Initiative Kind im Krankenhaus
Silvia Egger, Stoß im Himmer 3/14, A-1010 Wien,
Tel: 02 22/6 33 05 02

La Leche Liga Österreich
c/o Gabriele Nindl, Mariatal 416, A-6233 Kramsach/Tirol

NANAYA – Beratungsstelle für natürliche Geburt und Leben mit Kindern
Zollergasse 37, A-1070 Wien, Tel: 02 22/93 17 11

Neues Leben, Verein zur Förderung der natürlichen und humaneren Geburt e. V.
Raschbach 2, A-4861 Aurach

Verein für natürliche und selbstbestimmte Geburt
Bahnstr. 11–13, A-2230 Gänsernsdorf

Zentrum für Geburt und Elternschaft
Irene Hocher, Rosensteingasse 82, A-1 170 Wien, Tel: 02 22/45 96 49

Initiative Regenbogen „Verein zur Hilfestellung bei glückloser Schwangerschaft", c/o Ulrike Kern, Zirkusstraße 28/9, A-1020 Wien, Tel: 02 22/2 14 72 34

Schweiz:

Informationsstelle für Schwangerschaft und Geburt
Magnusstr. 28, CH-8004 Zürich

Interessengemeinschaft natürliche Geburt
c/o Ruth Grund, Goethestr. 20, CH-9008 St. Gallen, Tel: 0 71/25 17 59

La Leche Liga Schweiz
Postfach 197, CH-3000 8053 Zürich

Verein zur Förderung natürlicher Geburten
Anwandstr. 9, CH-8004 Zürich, Tel: 01/2 41 88 22

Verein zur Förderung vielfältiger Geburtsmöglichkeiten
c/o Nicole Christen, Brambergrain 3, CH-6004 Luzern,
Tel: 0 41/51 62 19

Schweizer Fachverband für Geburtsvorbereitung
Birsigstr. 45, CH-4054 Basel

Schweizer Hebammenverband
Flurstr. 26, CH-3000 Bern, Tel.: 031/3326340

Literaturempfehlungen

Ludwig Janus; Sigrun Haibach: Seelisches Erleben vor und während der Geburt. Neu-Isenburg, 1997.

Heike Schwitzke: GEBURTsTage – Frauen berichten, wie sie Schwangerschaft und Geburt erlebt haben. Zu beziehen nur über: H. Schwitzke, Bonner Str. 208 a, 42697 Solingen

Inge und Hans Krens (HG): Grundlagen einer vorgeburtlichen Psychologie. Vandenhoeck & Ruprecht. 2004.

Marianne Krüll: Die Geburt ist nicht der Anfang. Stuttgart 1997.

Evelin Kirkilionis: Ein Baby will getragen sein. München 2002.

Rüdiger und Margit Dahlke: Der Weg ins Leben. München 2004.

Ingeborg Stadelmann: Die Hebammensprechstunde. Eigenverlag, ISBN 3980376001.

Hannah Lothrop: Das Stillbuch. München 2001.

Brigitte Renate Meissner: Geburtsgeschichten. Eigenverlag, ISBN 3-9522246-3-4.

Thomas Harms: Auf die Welt gekommen. ISBN: 3934391079. Berlin 2000.

Musik-CDs für die Schwangerschaft:

Music For My Baby. Vol. 1 (Various Artists). Virgin Records.

Entspannte Schwangerschaft – Tiefensuggestion. Arnold Stein ASIN: 8000026F3Z

Weitere Bücher aus dem Verlag Via Nova:

Mit Kindern Spiritualität leben

Cornelia Miskiewicz

Hardcover, 200 Seiten – ISBN 3-936486-54-9

Kinder unserer Zeit werden immer offener für die geistige Welt. Sie machen sich Gedanken und haben Erlebnisse und Gefühle, die sie mit Erwachsenen oft nicht teilen können. Dieses Buch will einen gemeinsamen Weg ermöglichen. Die Verbindung von esoterischem Allgemeinwissen und Christentum ist wohl einmalig und ein realistischer Ausgangspunkt für eine Spiritualität, die im Alltag gelebt werden kann. Das Buch enthält Briefe von Eltern und Briefe an Kinder über grundlegende spirituelle und religiöse Themen in kindgerechter Sprache: Wo kommen wir her? Tod, Engel, Elfen, Gebet, Meditation, Chakras. Die Liebe zu Gott und zu allen Geschöpfen auf dieser Erde! Dies ist ein Buch mit einem neuen Konzept! Voller Erlebnisse mit Kindern wird es den Leser und seine Kinder ermutigen, die eigene spirituelle Dimension anzunehmen und zu leben.

Spirituelle Erziehung

Hilfreiche Ratschläge – Praktische Weisheit

Lee Lozowick

Gebunden, 312 Seiten – ISBN 3-928632-51-5

Praktischer Ratgeber für Eltern und Erzieher, die im Umgang mit Kindern ein größeres Maß an Bewusstheit, Freundlichkeit und Mitgefühl sowie mehr Ehrlichkeit im Verhältnis zu sich selbst in die Erziehung einbringen wollen. Das Buch will Eltern in ihrer wichtigen Erziehungsarbeit helfen und Kindern einen optimalen Start verschaffen. Dieses Buch richtet sich an all jene, die für die Erziehung Weisung aus einer höheren Ebene empfangen wollen. Spirituelle und bewusste Erziehung könnte man zusammenfassen: Liebe und Zuneigung entwickeln, lebensbejahende Grenzen für unsere Kinder aufzeigen und Ehrlichkeit uns selbst und unseren Kindern gegenüber aufbringen. Hauptelement jeder Kindererziehung ist das Vorbild der Eltern. Da wir unseren Kindern nichts geben können, was wir selbst nicht besitzen, fordert der Autor Eltern und Erzieher dazu auf, die das eigene Leben beherrschende Ichbezogenheit, Ignoranz und mangelnde Bewusstheit genau unter die Lupe zu nehmen, weil sie das Glück und Wohlbefinden unserer Kinder gefährden.

50 Wege, loszulassen und glücklich zu sein

4. Auflage

Wegweiser, Vergangenes loszulassen und glücklich in der Gegenwart zu leben

Chuck Spezzano

Hardcover, 168 Seiten – ISBN 3-936486-20-4

Dieses Buch des weltweit bekannten Lebenslehrers Chuck Spezzano ist ein wichtiger Wegweiser für alle, die einen Ausweg aus ihrer Lebenskrise suchen, eine Veränderung in ihrem Leben herbeiführen und eine bessere und glücklichere Gegenwart und Zukunft für sich eröffnen wollen. In kurzen und einprägsamen Lektionen erklärt der Verfasser an vielen Beispielen, wie alte Muster aus der Vergangenheit unser Handeln in der Gegenwart beeinflussen, und macht deutlich, dass wir nur dann wahrhaftig glücklich sein können, wenn wir die Fähigkeit entwickeln, Vergangenes loszulassen. Die Wahrheit seiner Lehren und Prinzipien erweist sich immer wieder in ihrer praktischen Umsetzung im Alltag, ganz gleich, ob die Krise durch den Verlust einer Beziehung, den Tod eines geliebten Menschen oder den Verlust der Gesundheit oder des Arbeitsplatzes ausgelöst wurde. Dieses Buch wird zu einem Ratgeber, Lehrer und weisen Freund werden, der dem Leser jederzeit hilfreich zur Seite steht.

Gewinne deine Lebenskraft zurück

Wie du deine ganzheitliche Intelligenz nutzen kannst, um im Privat- und Berufsleben zu neuer Kraft zu gelangen

Dr. Maria de Rocha Chevalley

Hardcover, 176 Seiten – ISBN 3-936486-47-6

Die meisten Menschen nehmen sich selbst, andere Menschen und Situationen in einer Weise wahr, die ihnen von ihrem analytischen Denken aufgezwungen wird. Sie sind daran gewöhnt, ständig zu bewerten, zu vergleichen und zu analysieren. Dies kann sehr schnell zu einer Spaltung führen. Es überrascht daher nicht, dass als Folge viele Menschen ihre Lebenskraft verlieren. Sie verhindern die Verbindung zu ihrer höheren ganzheitlichen Intelligenz. In diesem Buch werden Brücken gebaut, die die analytische und die ganzheitliche Intelligenz miteinander verbinden. Wir brauchen für ein glückliches, erfolgreiches, kreatives und erfülltes Leben beide Ebenen der Intelligenz, um zu einem ganzheitlichen Verständnis zu gelangen, das unsere unbewussten „Programme" verändern kann, um einen besseren Weg des Denkens, Fühlens und Handelns zu lernen und um das fortschreitende Tempo des Informationszeitalters kreativ zu bewältigen.

Aufbruch nach Hause

Frauen unterwegs zu sich selbst

Ein spirituelles Praxisbuch für die Reise der inneren Heldin

Sabine Treeß

Paperback, 352 Seiten – ISBN 3-936486-46-8

Ganz gleich, ob sich die Leserin gerade in einer Phase des Umbruchs befindet oder sich einfach nach neuen Perspektiven sehnt: *„Aufbruch nach Hause"* ist ein kompetenter und zuverlässiger Begleiter auf dem Weg zu einem authentischen und erfüllten Leben als Frau. Diese spannende Reise führt durch zwölf Stationen, die die Leserin einladen, ihr Leben symbolisch nachzuvollziehen. Sie ist eingeladen, Schritt für Schritt wesentliche Elemente ihres Weges aus einer neuen Perspektive zu erleben, in der Tiefe zu verstehen und zu heilen.

„Aufbruch nach Hause" gibt Frauen eine Chance, ohne großen zeitlichen Aufwand ihrem Bedürfnis nach Selbsterforschung und innerer Heilung nachzugehen. Das Buch ist ganz bewusst auch für Frauen konzipiert, die im Alltag durch Beruf, Partnerschaft, Kinder oder andere familiäre Verpflichtungen nur wenig Zeit für sich haben. *„Aufbruch nach Hause"* macht Frauen Lust und Mut, auf eigene Faust ihre inneren Welten zu erforschen, um zu entdecken, was es bedeutet, in sich selbst als Frau zu Hause zu sein.

Die Liebesstrahl-Sucherin

Wege zum wahren Selbst

Doris Haselmann

Hardcover, 136 Seiten – ISBN 3-936486-63-8

Die Sehnsucht der Liebesstrahl-Sucherin nach Wahrheit und Sinn steht stellvertretend für die Sehnsucht eines jeden Menschen. Er erfährt, wie man Ängste und Sorgen aus dem eigenen Leben verbannen kann, wie man seine Lebensaufgabe erkennt, findet und ihr nachgeht und wie man Wünsche an das Universum richtig formuliert, damit sie erfüllt werden. Die Liebesstrahl-Sucherin zeigt, wie man sich von den Schatten der Vergangenheit lösen kann, um inneren Frieden zu erreichen, und sie deckt wichtige Faktoren zwischen Mann und Frau auf, die eine liebende Beziehung zu einem erfüllten Miteinander schaffen können. So wird ein Weg vorgegeben, wie man zu Zufriedenheit, innerer Fülle und zur eigenen Mitte kommt – auch in Zeiten zunehmender Hektik und Oberflächlichkeit dieser Gesellschaft. Die Liebesstrahl-Sucherin geht diesen Weg vor. Die Menschen müssen ihr nur noch folgen.

Befreiung des Ich

Die transformierende Kraft des Zen-Weges

Wolfgang Walter

Paperback, 200 Seiten – ISBN 3-936486-59-X

Viele Menschen stehen in unserer Zeit vor Fragen wie: Sind wir Menschen auf der Welt, um zu leiden? Welchen Sinn haben Krisen? Haben die Religionen versagt? Was ist der Sinn meines Lebens? Gibt es eine Möglichkeit zum Weltfrieden? Dieses Buch gibt Antworten auf diese Fragen. Es ist das Ergebnis vieler wertvoller und lebendiger Gespräche, die Wolfgang Walter mit seinen Schülern geführt hat. Er ist dabei stets bemüht, das wahre Wesen des Zen aufzuzeigen, das in Wirklichkeit wir sind. Alle Gespräche kreisen um den gleichen Kern, um das, was der Mensch wirklich ist. Ein breites Feld nimmt der Aspekt ein, wie der Meditierende mit seinem Denken umgeht, wenn er sitzt. In lebendiger Dialogform beantwortet der Autor viele grundsätzliche Fragen zum Thema Üben, weil hier die meisten Irrtümer bestehen. Der praktizierende Zen-Schüler erfährt eine starke Motivation und findet so viele wertvolle Hilfen und Antworten, die seine Übung in ein größeres Verstehen bringen. Es wird mit einfachen Worten ein Weg aufgezeigt, der suchende Menschen auf den Weg zu sich selbst, zur inneren Freiheit und Freude und zu einem wacheren Bewusstsein führen kann.

Jeder Tag ist ein guter Tag Die Praxis des Zen · Wolfgang Walter

DVD – Filmdokumentation zu dem Buch „Befreiung des Ich“, Dauer: 45 Min. – ISBN 3-938486-60-3

Meditation hilft heilen

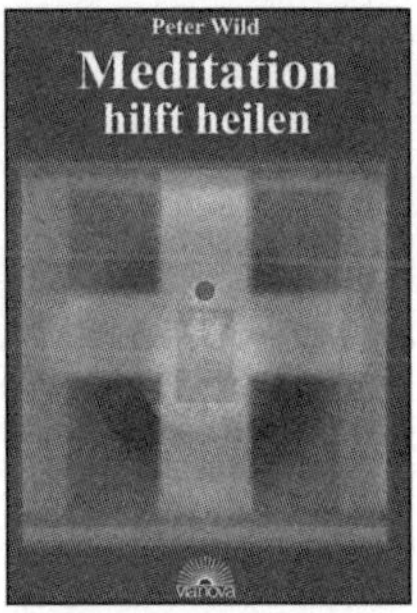

Peter Wild

Paperback, 252 Seiten – ISBN 3-936486-58-1

Peter Wild zeigt in seinem neuesten Buch auf, dass und wie die Meditation zu einem Vorgang der Heilung werden kann. Was er in Kursen und Ausbildungen weitergibt, macht er nun in Buchform zugänglich. Von der großen Kunst der Vermittlung, von der seine Kurse leben, lebt auch das Buch.

Das Buch führt in unterschiedliche Ausrichtungen der Meditation ein:
die Meditation als Weg zu den eigenen Ressourcen, die Meditation als Sensibilisierung für die innere heilende Kraft, die Meditation als Umgang mit dieser heilenden Kraft im Dienst der Selbstheilung, die Meditation als Sendung dieser heilenden Kraft zu anderen Menschen.

Peter Wild versteht es, alte spirituelle Heiltraditionen im Licht der modernen Erkenntnisse (Psychotherapie, Neurologie, Traumaforschung) verständlich zu machen. Zudem knüpft er an der oft vergessenen Tatsache an, dass am Anfang der christlichen Tradition ein Heiler steht: Jesus von Nazareth hat geheilt und den Heilungsauftrag in aller Selbstverständlichkeit weitergegeben.

Die unbegrenzten Dimensionen deiner spirituellen Kraft

Ein inspirierender Wegweiser zur persönlichen Freiheit

Nick Williams

Paperback, 280 Seiten – ISBN 3-936486-70-0

Macht und Kraft faszinieren uns alle. Doch in weiten Teilen der Welt können wir beobachten, welche verheerenden Folgen es hat, wenn Macht falsch verstanden wird. Nick Williams spricht in diesem bahnbrechenden Buch von einer ganz anderen Macht: der Macht der Liebe, der Inspiration und der Kreativität. Wir können eine unglaublich positive Entwicklung erfahren, wenn wir die mystische Kraft der Liebe in den Mittelpunkt unseres Lebens stellen. Der Autor erinnert uns daran, dass wir aus uns selbst heraus ungeheuer kraftvoll und nicht darauf angewiesen sind, Macht von außen verliehen zu bekommen. Unsere spirituelle Kraft liegt in dem Wissen, dass wir die Quelle unserer Gedanken transformieren können: von der Angst zur Liebe. Nick Williams zeigt uns in praktischen Schritten, wie das gelingt.

Yoga auf dem Stuhl

Ein Übungsbuch für Beruf und Alltag

Edeltraud Rohnfeld

Hardcover, 184 Seiten – ISBN 3-936486-72-7

Viele Menschen würden gerne die körperbewussten Entspannungstechniken des Yogas erlernen. Doch aus Zeitmangel, Alters- oder anderen Gründen scheuen sie sich, klassisches Yoga auf der Matte zu erlernen. Genau diese Menschen werden sich durch diese neue Form des Yogas angesprochen fühlen, denn so gut wie jeder kann sie ausführen. Egal, ob sie sich zu dick, zu steif, zu alt oder zu wenig selbstbewusst fühlen, die Übungen in diesem Buch sind so abgewandelt, dass sie selbst von behinderten Menschen im Rollstuhl ausgeführt werden können. Ob im Büro oder zuhause, ob unterwegs im Zug oder im Flugzeug, ob während der Rekonvaleszenz nach schwerer Krankheit oder Unfall, mit dieser Form des Yogas ist der Übende flexibel. Der Effekt ist groß, der Schwierigkeitsgrad niedrig und die Gefahr, sich eine Verletzung zuzuziehen, gering. Alle Übungen werden so ausführlich und anschaulich beschrieben, dass jeder Interessierte sie ohne jede Vorkenntnisse ausführen kann. Zum besseren Verständnis sind den Übungen Illustrationen der Autorin beigefügt.

21 Übungseinheiten zur persönlichen Energiegewinnung

Körperliche, emotionale und mentale Energie-Balance finden

Dr. Franz Decker

Paperback, 144 Seiten, zweifarbig, 94 Grafiken – ISBN 3-936486-62-X

Energie-Balance bedeutet, das Gleichgewicht zwischen Energieverbrauch und Energieaufbau ständig zu erhalten, neu zu begründen. Energie-Balance ist eine permanente Regulationsaufgabe, um so unsere Lebenskraft zu erhalten, wie es beispielsweise die alten Chinesen im Yin-Yang-Prinzip getan haben. Das Buch zeigt uns Wege, wie wir den kraftraubenden Alltag ausgleichen können, damit wir uns nicht chronisch überfordern und schneller zu Ruhe und Gelassenheit kommen. Es handelt sich um ein Auftankbuch und bietet in 21 praxiserprobten Übungseinheiten die Möglichkeiten zur täglichen Energiegewinnung, zur Entspannung, Meditation, Gehirnaktivierung und Vitalität, um so die körperliche, emotionale und mentale Energie-Balance zu erhalten bzw. wiederzugewinnen. Nur Übung führt zur Lebensmeisterung. Das Überforderungs- und Erregungs-Syndrom sowie die einzelnen Energiekiller des Alltags hat Franz Decker in seinem Buch „Energie-Balance finden" (Verlag Via Nova, 2004) bereits dargestellt.

Über die Lichtkraft der Farben in unserer Nahrung

Kompass für genussreiches und gesundes Essen

Diethard Stelzl

Hardcover, 224 Seiten, vierfarbig, 70 Farbfotos, 40 farbige Grafiken und Tabellen – ISBN 3-936486-55-7

Dieses Ernährungsbuch schildert, wie wir trotz der üblichen Hektik des Alltags zu einer harmonisch ausgerichteten Ernährung (zurück)finden, warum die Farbe der Nahrungsmittel so wichtig ist und wie sich die in ihnen enthaltene kosmische Lichtkraft positiv auf Körper, Geist und Seele auswirkt. Es geht unter anderem auf grundlegende Erkenntnisse über Vitamine, Mineralstoffe, Enzyme, Kohlehydrate oder über Verdauung und Stoffwechsel ein, beschreibt die heutzutage immer wichtiger werdende Rolle des Wassers sowie des Salzes und zeigt, wie Licht und Farben insgesamt auf den Organismus wirken. Die Kombination bestimmter Farben in der Ernährung kann den Energiegehalt von Lebensmitteln beträchtlich steigern, was sich auf verblüffende Weise sogar messen lässt!